21. Mustard 34
22. Oak 35
23. Olive 36
24. Pine 37
25. Red Chestnut 38
26. Rock Rose 39
27. Rock Water 40
28. Scleranthus 41
29. Star of Bethlehem 42
30. Sweet Chestnut 43
31. Vervain 44
32. Vine 45
33. Walnut 46
34. Water Violet 47
35. White Chestnut 48
36. Wild Oat 49
37. Wild Rose 50
38. Willow 51
39. Rescue 52

Beispiele aus der Praxis
HÄUFIGE FRAGEN 56

Schlußwort 60
Literatur, Bezugsquellen, Adressen 60
Register 61
Impressum 62

Extra

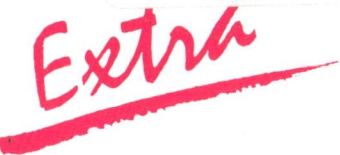

CHECKLISTE ZUR ERMITTLUNG DER PASSENDEN BACH-BLÜTEN 63

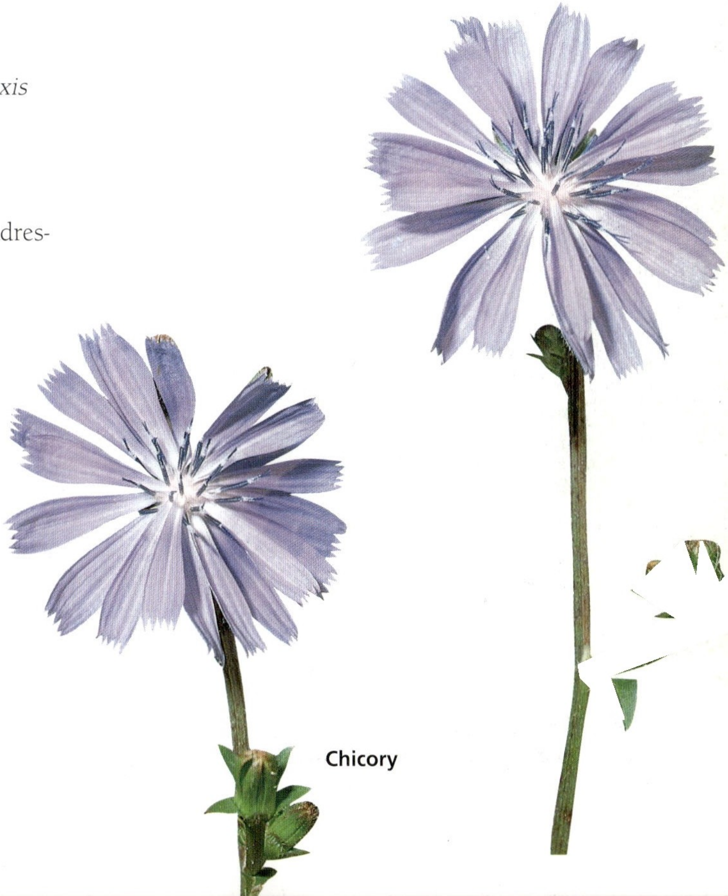

Chicory

Vorwort

Werden Menschen mit Haustieren bildlich dargestellt, so wird seit Urzeiten der Hund auf der linken, die Katze auf der rechten Seite des Menschen positioniert.

Bei tieferer Überlegung erscheint dies befremdlich. Wieso geht der als männlich geltende Hund auf der linken, der sogenannten weiblichen Seite des Menschen, und die als weiblich geltende Katze auf der rechten, sogenannten männlichen Seite des Menschen? Interessante Antworten dazu finden sich in den Schriften der Anthroposophen. Sie machen bei Hund und Katze einen Unterschied zwischen der körperlichen Erscheinungsform einerseits und dem Grundcharakter andererseits. So wird wegen ihrer geschmeidigen, runden, mehr femininen Formen die Urkatze zwar als weiblich erlebt, ihre Ungebundenheit aber als männlich gedeutet. Umgekehrt ist es beim Urbild des Hundes: Sein langgliedriger, spitzerer und verteidigungsbereiter männlicher Körper beherbergt nach Meinung der Anthroposophen einen „weiblichen Seelenleib" mit Eigenschaften wie Anpassungsbereitschaft, Hingabe-

fähigkeit, dem Hang zur Treue und den vielen weiteren Attributen, die Hundebesitzer so sehr schätzen. So gesehen wird es einleuchtend, warum sich Frauen eher von ihrem unbewußten seelischen Gegenpol, der Katze, angezogen fühlen und Männer umgekehrt eher dazu neigen, sich einen Hund zu suchen.

Der Hund wird nicht nur als das älteste Haustier der Welt bezeichnet, das schon bei der geistigen Entstehung des Menschen mit diesem verbunden war, sondern galt bei den alten Ägyptern und Persern auch als Hüter der Pforten zur Unterwelt (Cerberus) oder Überwelt. Aus ähnlichen Gründen galt der Hund, besonders ein schwarzer Hund, bei den Kelten als „Seelenführer" Edward Bach, dessen Erkenntnisse sich auf keltische Wurzeln zurückführen lassen, hatte in seinen letzten Lebensjahren einen schwarzen Cockerspaniel, den er sehr liebte und dem er sogar ein kleines Gedicht widmete.

Allen, die es nicht ohnehin schon so erleben, empfehle ich den lohnenden Versuch, ihren Hund einmal als ihren „Seelenführer" wahrzuneh-

men. Beobachten Sie, wie fein es der Hund versteht, Ihre Gefühlsstimmungen aufzunehmen und auf seine Art eine Antwort darauf zu geben. Wie oft hat man erlebt, daß ein Hund seinen traurigen Besitzer zu trösten versucht, indem er ihm seine Pfote auf das Knie legt oder die Hände leckt ...

Hundebesitzer, die ein verändertes Verhalten ihres Hundes mit Bach-Blüten behandeln wollen, sollten sich auch immer fragen: Auf welches mir unbewußte seelische Problem reagiert mein Hund, was spiegelt er wider? Was kann mir seine Reaktion sagen? Zeigt der Hund beispielsweise plötzlich ein ungewöhnliches Ruhebedürfnis, so kann das neben anderen naheliegenden Ursachen auch ein Hinweis für den Besitzer sein, sich selbst mehr Erholung zu gönnen.

Menschen, die die Neigung haben, ihren Hund allzu streng zu erziehen oder gar auf aggressives Verhalten zu dressieren, sollten sich fragen, wie sie mit ihrer eigenen unbewußten Gefühlswelt bzw. „Weiblichkeit" umgehen. Frage: Wer sollte in einem solchen Fall Holly, Vine und Cherry Plum einnehmen: der Hundebesitzer oder der Hund? Antwort: am Anfang vielleicht beide, ganz sicher aber der Hundebesitzer.

Ich erinnere mich an den Fall eines Arztes, der eine neue ganzheitliche Therapie-Institution aufgebaut hatte, der er auch als Direktor vorstand. Durch Neid und Intrige verlor er seine Direktorenposition, womit sein ganzes Werk in Frage gestellt war. Rein äußerlich reagierte er gelassen auf dieses Ereignis. Sein sonst friedliebender Irish Setter jedoch führte zum gleichen Zeitpunkt im Haushalt systematisch Zerstörungsaktionen durch: Er sprang auf frisch gemachte Betten und brachte das Bettzeug durcheinander; er wühlte frisch eingesäte und bepflanzte Beete auf und versuchte sogar, Kabel aus den Steckdosen herauszureißen. Nach erfolgreicher Bach-Blütentherapie von Herr und Hund gelang es dem Herrchen, sich aktiver für seine Rechte einzusetzen, während das aggressive Verhalten des Hundes im gleichen Maß zurückging.

Der vorliegende Bach-Blüten-Ratgeber für Hunde entstand vollständig aus der umfangreichen Praxis der Autorin, die in den vergangenen Jahren viele Hunde mit Bach-Blüten erfolgreich behandelt hat. Manchem Leser wird auffallen, daß die Interpretation gewisser Blüten und Behandlungsgrundsätze von der Original Bach-Blütentherapie für Menschen etwas abweicht. Ich wünsche Ihnen viele nützliche Erkenntnisse und Erfolge mit den Bach-Blüten für Hunde. Wir würden uns freuen, wenn Sie uns von Ihren interessanten Erfahrungen berichten würden. Schreiben Sie an das *Institut für Bach-Blütentherapie, Forschung und Lehre* Lippmanstr. 57 22769 Hamburg.

Hamburg, im Juli 1996

Mechthild Scheffer

Mechthild Scheffer

Was sind Bach-Blüten?

Aus den Blüten ungiftiger Blumen, Sträucher und Bäume entwickelte der englische Arzt Dr. Edward Bach (1886–1936) 38 heilsame Essenzen.

Dr. Edward Bach

Der Einsatz der Bach-Blütentherapie stellt seit einigen Jahren eine der wichtigsten Hilfen dar, wenn es darum geht, seelische Disharmonien unserer Hunde auszugleichen, die durch Liebe, Konsequenz und erzieherische Maßnahmen allein nicht bewältigt werden können. Die psychischen Störungen bei Hunden häufen sich in letzter Zeit, und auch Tierheiltherapeuten sind gefordert, bei der Behandlung ganzheitlich vorzugehen. Leider ist der Mensch oft nicht ganz unschuldig an einem seelischen Problem seines Hundes. Neben dem Einsatz der Bach-Blütentherapie spielt deshalb die Ursachenfindung eine große Rolle.

Der Name Bach-Blütentherapie geht zurück auf ihren Begründer Dr. Edward Bach (1886–1936), einen Waliser Arzt, Bakteriologen und Homöopathen, der diese Therapie vor mehr als 60 Jahren für die Behandlung menschlich-seelischer Disharmonien entwickelt hatte.

„Wir befinden uns in einer Zeit, in der die etablierte Medizin einen Teil der Krankheiten nicht mehr mit Erfolg behandeln kann ..." Nachdem Dr. Bach zu dieser Erkenntnis gekommen war, gab der 42jährige seine

Die Rote Kastanie liefert Red Chestnut.

Die Bach-Blüte Wild Rose wird aus der Heckenrose gewonnen.

Für jede Hundepersönlichkeit findet sich die richtige Blüte.

wachsender Pflanzen und Bäume. Rock Water wird nach dem gleichen Verfahren aus heilkräftigem Quellwasser gewonnen.

Die Bach-Blüten werden heute noch an den von Dr. Bach festgelegten Fundorten in freier Natur gesammelt. Die wäßrigen Blütenauszüge werden mit Alkohol konserviert und als Konzentrate abgefüllt, die später auf Einnahmestärke verdünnt werden. Im Konzentrat und in der Verdünnung sind keine mikroskopisch nachweisbaren Wirkstoffe mehr vorhanden. Die 39. Essenz (Rescue), Notfall- oder Erste-Hilfe-Tropfen, ist das einzige Kombinationspräparat.

DAS WIRKUNGS-PRINZIP

Die harmonischen Schwingungen der Bach-Blüten haben zum Ziel, seelische oder auch charakterlich bedingte negative Schwingungen im Lebewesen zu regulieren, ins Gleichgewicht (in eine harmonische Schwingung) zu bringen und dadurch den Gleichklang zwischen Körper und Seele – und somit den Zustand der Gesundheit – zu fördern. Es werden positive Energien aktiviert, die das Immunsystem und die körpereigenen Abwehrkräfte stärken und

Praxis auf und widmete sich von 1930 an ausschließlich der Suche nach den Heilkräften in den Blüten wildwachsender Blumen, Büsche und Bäume. Bis 1936 fand er alle heute bekannten 37 Blüten, die sein Behandlungssystem komplettierten. Er erlebte dabei dank seiner hohen Sensitivität die energetischen Qualitäten der Blütenpflanzen im Selbstversuch, so daß er sie den jeweiligen negativen Gemütszuständen zuordnen konnte.

Bei den Bach-Blüten handelt es sich um homöopathieartige Aufbereitungen der wäßrigen Auszüge von 37 verschiedenen Blüten wild-

stabilisieren. Insofern kann die Bach-Blütentherapie - rechtzeitig angewandt - eine regelrechte Krankheits-vorsorge darstellen.

Apathie und Resignation, wie überhaupt alle negativen Gefühlszustände, lähmen das Immunsystem und setzen die körpereigene Abwehrkraft und die Fähigkeit zur Selbstheilung herab. Lebensmut, wohldosierte Willensstärke und positive Gemütszustände stärken das Immunsystem und erhöhen die Chance, gesund zu werden bzw. zu bleiben.

Der Leitsatz Dr. Edward Bachs lautete: „Krankheit ist weder Grausamkeit noch Strafe, sondern einzig und allein ein Korrektiv, um die Harmonie zwischen Seele und Körper wiederherzustellen." Daraus ergibt sich, daß Bach-Blüten nicht primär dazu dienen, körperliche, also organische Krankheiten zu beheben, sondern die zu einer organischen Erkrankung führenden oder durch eine organische Erkrankung ausgelösten psychischen Disharmonien auszugleichen.

Der Einsatz der Bach-Blüten entspricht dem Ganzheitsprinzip der von der Naturheilkunde geforderten Behandlungsweise. Aus diesem Grund werden Sie in diesem Buch keine Indikationen für organische Er-

Beech

krankungen finden, sondern für bestimmte negative Seelenaspekte. In den Bach-Blüten-Beschreibungen gibt es zusätzliche Hinweise, welche organischen Erkrankungen durch den negativen Seelenaspekt hervorgerufen werden könnten.

URSACHEN PSYCHISCHER DISHARMONIEN BEI HUNDEN

Die Ursachen psychischer Disharmonien können in einer nicht artgerechten Haltung des Hundes liegen wie auch in einer Diskrepanz im Verhältnis zwischen Mensch und Hund. Durch falsche züchterische Selektion können unsere Hunde bereits unter angeborenen Charakterschwächen leiden, die wir nur eingeschränkt regulieren können. Mancher Rassehund leidet beispielsweise unter einer angeborenen unnatürlichen Hyperaktivität.

Olive

Ebenso werden Bach-Blüten in den Fällen, wo eine falsche Haltung des Hundes Probleme hervorgerufen hat, ohne Beseitigung der Ursache nur bedingt Positives erreichen können. Gerade unsere Hunde sind durch die Domestizierung dem Willen des Menschen unterworfen und können nur in seltenen Fällen ihren eigenen Wünschen gemäß agieren. Diese Wünsche und Bedürfnisse werden oftmals vom Menschen unterdrückt. Falscher Ehrgeiz - vom Hundehalter auf das Tier übertragen - kann ebenfalls psychische Disharmonien im Seelenzustand des Hundes auslösen.

In vielen Fällen stellen wir fest, daß es sinnvoll wäre, Mensch und Hund mit denselben Blüten zu behandeln. Denn: Der Hund stellt das Spiegelbild seiner Bezugsperson dar, und wenn sich diese nicht verändert - wie sollte sich dann der

Hund verändern können? Oftmals berichten Hundehalter, daß sie sich in den beschriebenen Blüten, die ihr Hund bekommt, selbst wiedererkennen ...

DIE ZUBEREITUNG DER EINNAHME-FLÄSCHCHEN

Sie erhalten die Bach-Blüten-Konzentrate rezeptfrei in allen Apotheken (Vorratsfläschchen zu 10 ml, Rescue-Tropfen auch zu 20 ml). Zur Zubereitung der Einnahmefläschchen benötigen Sie Glasfläschchen zu 10, 20 oder 30 ml mit Pipette oder Tropfeinsatz (in jeder Apotheke erhältlich). Als Basisflüssigkeit dient kohlensäurefreies („stilles") Wasser (kein abgekochtes Wasser verwenden, da dies die energetischen Informationen der Bach-Blüten nicht speichern kann). Bei bis zu 30 ml einnahmefertige Mischung ist eine zusätzliche Beimengung von Alkohol zur Konservierung nicht notwendig. Die Bach-Blüten-Mischung ist gewöhnlich so lange haltbar, bis sie tatsächlich aufgebraucht ist. Nach Möglichkeit sollten Sie nicht mehr als 6 Blüten gleichzeitig einsetzen. Wenn aber nach Ihrer Meinung mehr als 6 Blüten für den Hund in Frage kommen, verteilen Sie die Bach-Blüten auf zwei Einnahmefläschchen und geben Sie diese täglich im Wechsel. (Sie können z.B. die Ursachen-/Charakter-Blüten in eines und die Folge-Blüten (siehe S. 12) in ein zweites Fläschchen mischen.)

Das Mischungsverhältnis

Wenn Sie nur *eine* Bach-Blüte zur Therapie benötigen, geben Sie in das mit stillem Wasser gefüllte Fläschchen von der ausgewählten Blüte (egal ob es sich um eine Ursachen-, Charakter- oder Folge-Blüte handelt)
▶ bei einem 10-ml-Fläschchen: 2 Tropfen,
▶ bei einem 20-ml-Fläschchen: 4 Tropfen,
▶ bei einem 30-ml-Fläschchen: 6 Tropfen Konzentrat. Haben Sie für Ihren Vierbeiner *mehrere* notwendige Bach-Blüten herausgefunden, so stellen Sie eine sogenannte Bach-Blüten-Kombination wie folgt her: Geben Sie zunächst nur einen Teil des stillen Wassers in das Einnahmefläschchen, und verwenden Sie dann
▶ bei einem 20-ml-Fläschchen von den Ursachen- oder Charakter-Blüten jeweils 2 Tropfen und von den Folge-Blüten jeweils 2 Tropfen,
▶ bei einem 30-ml-Fläschchen von den Ursachen- oder Charakter-Blüten jeweils 3 Tropfen und von den Folge-Blüten ebenfalls jeweils 3 Tropfen. Anschließend werden die Fläschchen mit stillem Wasser aufgefüllt.
Besonderheit beim Einsatz der Rescue-Tropfen: Die Rescue-Tropfen dienen in der Regel zur Hilfe in einem akuten Notfall und werden deshalb in einer stärkeren Konzentration eingesetzt als die restlichen Bach-Blüten. Träufeln Sie in Notfällen

Bach-Blüten harmonisieren negative Seelenzustände.

2 Tropfen Konzentrat direkt auf die Maulschleimhaut des Hundes. Haben Sie Wasser zur Hand, so geben Sie 4 Tropfen auf einen Teelöffel Wasser und tropfen diese Verdünnung vorsichtig zwischen die Lefzen. So können Sie auch bei einem bewußtlosen Hund verfahren, da ein Verschlukken dann ausgeschlossen ist. Sind in besonderen Fällen mehrmalige Gaben der Rescue-Tropfen notwendig, so mischen Sie auf ein 10-ml-Fläschchen 8 Tropfen aus der Konzentratflasche.

DOSIERUNG UND VERABREICHUNG

Am besten verwertet und vertragen werden die Bach-Blüten, wenn man sie wie folgt dosiert: Zu Beginn geben Sie pro Tag
► einem kleinen Hund 3 x 4 Tropfen,
► einem mittelgroßen Hund 3 x 8 Tropfen,
► einem großen Hund 3 x 10 Tropfen.
Bei Besserung der seelischen Verfassung reduzieren Sie die tägliche Gabe bei
► einem kleinen Hund auf 3 x 2 Tropfen,
► einem mittelgroßen Hund auf 3 x 4 Tropfen,
► einem großen Hund auf 3 x 8 Tropfen.
Später reduzieren Sie weiter auf eine 2 x tägliche und

dann auf eine 1 x tägliche Gabe. Auf diese Weise „schleichen" Sie sich aus der Therapie heraus. Verschlimmert sich der Seelenzustand, so erhöhen Sie die Dosis wieder oder stellen - wenn nötig - eine neu angepaßte Mischung zusammen. Wie die meisten Naturheilmittel werden auch die Bach-Blüten nicht über den Magen-Darm-Trakt aufgenommen, sondern über die Maulschleimhaut. Deshalb sollten Sie die Bach-Blüten nicht unters Futter geben. Der Alkoholanteil in den selbst zubereiteten Fläschchen ist sehr gering und stellt bei der Verabreichung nur selten ein Problem dar. Oft warten die Hunde schon auf ihre Tropfen, wenn sie spüren, daß sie ihnen helfen. Dann lecken sie sie auch gerne aus Ihrer Hand. Andernfalls geben Sie die Tropfen auf einen kleinen Plastiklöffel oder ziehen sie mit einer 2-ml-Plastikspritze auf und geben die Flüssigkeit direkt zwischen die Lefzen. Lehnt Ihr Hund die Tropfen ab, versuchen Sie ihn zu überlisten: Mischen Sie die Bach-Blüten mit wenigen (!) Tropfen Milch oder Sahne, oder träufeln Sie sie auf einen kleinen Hundekeks oder ein Stück Knäckebrot. Hilft auch das nicht, geben Sie sie mit etwas Wasser in den

Wassernapf des Hundes. Die Menge sollte so bemessen sein, daß der Hund die Bach-Blüten-Mischung auf einmal ganz austrinkt. Bach-Blüten sollten nach Möglichkeit nicht gleichzeitig mit andersartigen Heilmitteln (d. h. mit allopathischen Mitteln) verabreicht werden. Eine Kombination von Bach-Blüten und anderen Naturheilmitteln, wie z.B. Homöopathika oder pflanzlichen Heilmitteln, ist jedoch sehr gut möglich, speziell dann, wenn der Hund nicht nur psychische, sondern auch organische Probleme hat. In diesem Fall wird ganz im Sinne der Naturheilkunde therapiert und das Lebewesen ganzheitlich behandelt. Wird Ihr Hund wegen einer schweren Erkrankung vom Tierarzt mit allopathischen Arzneimitteln behandelt, können Sie ihm eine psychische Hilfestellung mittels der Bach-Blüten bieten. In solch einem Fall verabreichen Sie die Bach-Blüten in einem zeitlichen Abstand von 15 bis 30 Minuten zu den Allopathika. Bei erblich bedingten Charakterstörungen ist häufig die gleichzeitige Therapie mit homöopathischen Hochpotenzmitteln angezeigt. Dann sollten Sie sich von einem versierten Therapeuten beraten lassen.

DIE THERAPIEDAUER

Es ist nicht möglich, einen für alle Hunde gültigen exakten Zeitraum anzugeben, in dem der Patient auf die Bach-Blütentherapie ansprechen muß. Zu viele Faktoren spielen eine Rolle. Aus der Praxis ist bekannt, daß Hunde schneller auf die Heilanstöße reagieren als Menschen, und bei Menschen sind Therapiezeiträume von mehreren Monaten bis hin zu Jahren nicht ausgeschlossen. Als Durchschnittswert kann jedoch gelten, daß der Hund bei regelmäßiger und konsequenter Verabreichung einer Blütenmischung innerhalb von drei bis vier Wochen eine Veränderung in seinem Verhalten zeigen sollte.

In der Bach-Blütentherapie verhält es sich ähnlich wie in der Homöopathie: Durch die Therapie ändert sich der seelische Zustand des Tieres. Wenn das Fläschchen leer ist, sollten Sie deshalb die verabreichten Blüten überprüfen. Damit gleichen Sie die Folgetherapie dem neuen, veränderten Seelenzustand an.

Wenn kein Therapieerfolg eintritt, muß zunächst abgeklärt werden:

1. Haben Sie wirklich die richtigen Blüten ausgewählt? Wenn Sie sich nicht ganz sicher sind, suchen Sie bitte einen Tierheiltherapeuten auf, der in der Bach-Blütentherapie versiert ist. Er wird Ihnen bei der Auswahl helfen. (In manchen Fällen ist es sinnvoll, die Bach-Blütentherapie durch Homöopatie zu ergänzen.)

2. Besteht der negative Seelenzustand Ihres Hundes schon seit längerer Zeit? Dann brauchen Sie einfach Geduld, denn was sich über längere Zeit manifestiert hat, kann nicht von heute auf morgen reguliert werden.

Haben Sie einen Hund aus zweiter Hand oder mit unbekannter Vorgeschichte, so wird es für Sie sehr schwierig sein, die passenden Ursachen-Blüten herauszufinden. Überprüfen Sie aber in jedem Fall die ausgewählten Blüten. Vielleicht finden Sie ja eine Blüte heraus, die dem seelischen Zustand Ihres Hundes noch besser entspricht.

Ein aufmerksamer Spielgefährte

Die Auswahl

Wie erkenne ich die richtigen Bach-Blüten?

Die Auswahl der richtigen Bach-Blüten erfordert eine sorgfältige Analyse und eine genaue Beobachtung des Patienten.

In meiner Praxis hat sich das im folgenden erläuterte Schema bewährt. Abweichend von dem beim Menschen bewährten Original Bach-Blüten-System teile ich das komplette System der 38 Essenzen sowie Rescue in zwei Gruppen:

1. „Ursachen-Blüten" bzw. „Charakter-Blüten". Diese Blüten gehen die Ursache der psychischen Disharmonie an oder auch die erblich bedingten negativen Charaktereigenschaften.

2. „Folge-Blüten" helfen, die

Dieser Berner Sennenhund fühlt sich wohl – Wälzen als Ausdruck reiner Lebensfreude!

Mit Bach-Blüten kann man jeden Hund behandeln.

Mustard

daraus folgenden psychischen Disharmonien zu beheben.

Zu den Ursachen-Blüten gehören Aspen, Chestnut Bud, Crab Apple, Larch, Scleranthus, Star of Bethlehem, Vervain, Walnut und Rescue. Diese sind in den Blütenbeschreibungen mit der Bezeichnung „ursächlich blockierter xx-Zustand" versehen.

Zu den Charakter-Blüten gehören Beech, Centaury, Chicory, Heather, Holly, Impatiens, Oak, Red Chestnut, Rock Water, Vine, Water Violet und Willow. Diese erkennen Sie an der Bezeichnung „negativer xx-Zustand". Alle übrigen Blüten gehören zu den Folge-Blüten. Die Folge-Blüten sind durch die Bezeichnung

„blockierter xx-Zustand" gekennzeichnet.

Manche Bach-Blüten treten bei bestimmten Rassehunden oder Hundearten gehäuft auf (z.B. Schoßhunde, Sporthunde, Dienstleistungshunde). Dann sprechen wir von der sogenannten Rassedisposition, d.h. diese Hunde geraten relativ leicht in diese speziellen disharmonischen Blütenzustände.

Um Ihnen die Ermittlung der für Ihren Hund zutreffenden Bach-Blüten zu erleichtern, befindet sich auf den Extra-Seiten eine Tabelle, in der Sie die grundlegenden Erkennungsmerkmale der einzelnen Blüten finden. Vielleicht fällt Ihnen dabei sogar auf, daß die eine oder andere Blüte, die

Sie für Ihren Hund auswählen, auch für Sie selbst zutrifft?

TIP: Nicht immer treffen alle bei einer Blütenbeschreibung genannten Merkmale auf Ihren Hund zu. Der Gesamteindruck jedoch sollte mit der Blütenbeschreibung übereinstimmen.

Die Auswahl der richtigen Bach-Blüten erfordert eine sorgfältige Analyse und eine genaue Beobachtung des Hundes. Falsch ausgewählte Blüten sind zwar unschädlich und werden vom Körper wirkungslos ausgeschieden, aber in solch einem Fall ist auch kein optimaler Therapieerfolg zu erzielen.

1. Agrimony

Odermennig, Agrimonia eupatoria

Schlüsselsymptome: Innere Unruhe und Probleme werden hinter einer fröhlichen Fassade versteckt.

Im blockierten Agrimony-Zustand versucht der Hund, seine bestehende Disharmonie durch Überschwang und unnatürliche freudige Aktivität zu überdecken. Er ist z.B. trotz Trauer oder schwerer Erkrankung zu allem motivierbar, wirkt aber in unbeobachteten Momenten in sich gekehrt, knabbert grundlos an seinen Pfoten oder starrt in eine Ecke.

Spricht man ihn unvermittelt an, schrickt er zusammen, ist aber im nächsten Moment sofort zu allem bereit, was man von ihm verlangt. Durch dieses Verhalten ist es für den Besitzer schwer festzustellen, ob sein Hund tatsächlich krank oder nur ein „Tagträumer" ist (siehe Clematis). Im positiven Agrimony-Zu-

Die Ehrlichkeits-Blüte*

stand wirkt der Hund eher ausgeglichen, zeigt echte Fröhlichkeit und ist weniger in sich gekehrt. Er zeigt, wenn es ihm nicht gutgeht, und überspielt diesen Zustand nicht mehr.

*Diese Begriffe sind dem Buch „Schlüssel zur Seele" von Mechthild Scheffer (München 1995) entnommen.

Im positiven Agrimony-Zustand zeigt der Hund echte Fröhlichkeit und ist ausgeglichen.

2. Aspen

Espe oder Zitterpappel, Populus tremula

Schlüsselsymptome: unerklärliche Ängste, Schreckhaftigkeit, oftmals hohe Empfindlichkeit

Er hat Angst.

Hunde im ursächlich blockierten Aspen-Zustand reagieren oft übermäßig ängstlich oder schreckhaft. Ob sie allein gelassen werden, im Dunkeln verweilen müssen oder ob sie mit etwas gänzlich Neuem konfrontiert werden; ob ein Papierrascheln, der Staubsauger oder die Feuerwehrsirene ein ungewohntes Geräusch verursachen – selbst den Silvesterlärm beziehen diese Hunde als Schreckfaktor direkt auf sich. Allerdings reagieren sie unterschiedlich auf solche Situationen: Einige Hunde laufen weg, wollen sich verstecken, flüchten; andere reagieren aggressiv und gehen auf den furchteinflößenden Auslöser los (Angstbeißer!). Nachts sind diese Hunde häufig unruhig und schlaflos. Läßt man einen solchen Hund allein zu Hause, so jault und heult er unaufhörlich, oder er zerbeißt oder zerkratzt alles, was für ihn erreichbar ist. Will man ihn an einen Ort bringen, der ihm gefühlsmäßig Angst einflößt, so läßt er sich nur mit Gewalt dorthin bringen, zerrt an der Leine, jault oder beißt sogar.

An organischen Beschwerden können Durchfall und Erbrechen sowie Appetitlosigkeit oder auch Neigung zu Geschwüren auftreten. Im positiven Aspen-Zustand läßt sich der Hund weniger leicht einschüchtern und reagiert gelassener in potentiell angstauslösenden Situationen.

Das Aspen-Bild beobachtet man gehäuft bei Zwergrassen wie z.B. Toypudel, Chihuahua, Zwergpinscher und Yorkshireterrier. Aufgrund negativer Erfahrungen kann es aber bei jedem Hund auftreten; dann hilft zusätzlich Star of Bethlehem (siehe dort).

Aspen, die Ahnungs-Blüte

3. Beech

Rotbuche, Fagus sylvatica

Schlüsselsymptome: Aggressivität, Intoleranz; Artgenossen werden grundsätzlich abgelehnt.

Im negativen Beech-Zustand reagiert der Hund auf jede Art von Kritik oder Zurechtweisung aggressiv; knurrt, fletscht die Zähne oder beißt sogar.

Manche Rüden versuchen ein Leben lang, Rangkämpfe mit ihren Besitzern auszufechten (der Hund sieht dabei im Menschen den Rudelführer, das „Alpha-Tier", das es zu bekämpfen gilt). Artgenossen werden als Feinde betrachtet und ohne Vorwarnung angegriffen.

ste, der zum bereitgestellten Freßnapf stürmt, sämtliche Lebewesen aggressiv abwehrend, die ihm dann zu nahe kommen.

An organischen Beschwerden können sich sowohl Verstopfung als auch Hautprobleme zeigen.

Beech, die Toleranz-Blüte

Findet eine Erziehungsmaßnahme in der Wohnung statt, so kann es passieren, daß der Hund aus Protest in der Wohnung uriniert. Ein weiterer Artgenosse im Haus wird von vornherein nicht akzeptiert (siehe auch Holly).

Ein Spaziergang ohne Leine ist fast unmöglich. Im Rudel ist ein solcher Hund der er-

Im positiven Beech-Zustand steigt die Akzeptanz des Hundes anderen Artgenossen gegenüber. Die Angriffslust läßt nach. Der Hund erkennt seinen Halter als unbedingten „Rudelführer" an. Hinweis: Die hier geschilderten spezifischen Erfahrungen weichen zum Teil von der Beech-Symptomatik beim Menschen ab.

Er ist aggressiv gestimmt.

Centaury, die Blüte des Dienens

4. Centaury

Tausendgüldenkraut, Centaurium umbellatum

Schlüsselsymptome: auffallende Zurückhaltung, Willensschwäche; überbrave Hunde, die aber extrem lernbegierig sind und immer versuchen, alles recht zu machen.

Im negativen Centaury-Zustand zeigt sich der Hund eher schwach und passiv. Er läßt sich von Artgenossen und Menschen leicht unterdrücken und unterwirft sich sofort. Im Rudel ist er der letzte, der zum Futternapf geht; er läßt erst andere Hunde fressen und nimmt, was übrig bleibt. Meist läßt er die Ohren hängen und zeigt sich fast ängstlich-zurückhaltend. Als Sporthund läßt sich solch ein Hund leicht leiten und führen. Tadel ist nur selten notwendig, denn er erfüllt seine Aufgaben peinlich genau. Er läßt sich dabei auch überfordern, was sich wiederum auf seinen Organismus negativ auswirkt (siehe auch Oak); dies kann bis zur totalen Erschöpfung gehen. Dieser Hund reagiert meist schon auf einen Blickkontakt, laute Kommandos sind selten nötig.

Aus dem negativen Centaury-Zustand können körperliche Störungen wie Infektionskrankheiten, eine geschwächte körpereigene Abwehr, Magen-Darm- oder auch Nierenprobleme entstehen, und nicht selten zeigen sich im Hormonstatus Unterfunktionen des Drüsensystems.

Im transformierten Zustand erfüllt der Hund seine gestellten Aufgaben ebenso pflichtbewußt wie zuvor, doch er erkennt seine Grenzen eher und kann seine Kräfte besser einschätzen. Im Rudel verhält er sich normal und läßt sich nicht mehr alles gefallen.

Häufig finden wir das Centaury-Bild bei Sporthunden wie z.B. Schäferhunden, Riesenschnauzern, ja sogar bei Rottweilern, die andererseits aber auch genau entgegengesetzt reagieren können (siehe Vine).

Centaury hilft willensschwachen Hunden.

Dieser Hund zeigt sich neugierig und interessiert.

gern Artgenossen nach: Wenn ein anderer Hund frißt, frißt er auch; spielt ein anderer Hund, spielt er auch. Laufen die Artgenossen einem Störenfried bellend hinterher, schließt er sich ihnen unverzüglich an, selbst dann, wenn er eigentlich kein „Beller" oder dominanter Hund ist. Es fehlt ihm jegliche Eigeninitiative. Meist tritt das Cerato-Bild zusammen mit dem Centaury-Bild (siehe dort) auf. Im positiven Cerato-Zustand verhält sich der Hund neugierig und wißbegierig. Er zeigt Eigeninitiative und ist weniger von anderen abhängig.

Das Cerato-Bild findet man häufig bei Vertretern von Zwerghunderassen.

5. Cerato

Bleiwurz oder Hornkraut, Ceratostigma willmottiana

Schlüsselsymptome: mangelndes Selbstvertrauen und Unentschlossenheit

Cerato, die Intuitions-Blüte

Im blockierten Cerato-Zustand ist der Hund unsicher im Umgang mit Artgenossen und ordnet sich ihnen unter. Er gehorcht jedem, der ihm einen Befehl gibt, egal, ob Bezugsperson oder Fremder. Er geht auch mit jeder fremden Person mit. Häufig sind diese Hunde zu früh vom Geschwisterrudel getrennt worden, so daß sie hundespezifische Verhaltensweisen nur ungenügend erlernen konnten.

Ein solcher Hund ahmt

6. Cherry Plum

Kirschpflaume, Prunus cerasifera

Schlüsselsymptome: plötzliche Temperamentsausbrüche, unbeherrschtes Verhalten; meist große innere Spannung

Überreaktionen des Hundes sind oft unangenehm.

Im blockierten Cherry-Plum-Zustand wirkt der Hund unbeherrscht, neigt in bestimmten Situationen zu Überreaktionen und kann auch zu einem Angstbeißer werden (siehe Aspen).
Er zeigt eine permanente Unruhe und hechelt stark, als würde er instinktiv ein schlimmes Ereignis ahnen. Beruhigender Zuspruch kann leicht die entgegengesetzte Wirkung erzielen: Der Hund wird noch unruhiger und greift plötzlich ohne Vorwarnung an.
Er macht sich bevorzugt an Elektrokabeln und Elektrogeräten zu schaffen.
Im positiven Cherry-Plum-Zustand wirkt der Hund ausgeglichener, die Temperamentsausbrüche halten sich in Grenzen. Auf Zuspruch reagiert der Hund normal und beruhigt sich.
Es sind meist überzüchtete Rassen, die den Cherry-Plum-Zustand zeigen. Gefährlich kann dieser Zustand bei großen Hunderassen werden wie Rottweiler, Schäferhund und Dogge; aber auch die Spitze können sehr aggressiv werden.
Aufgrund der mit diesem Zustand verbundenen extremen Gefühlslage ist Cherry Plum ein wichtiger Bestandteil der Rescue-Tropfen (siehe dort).
Hinweis: Die hier geschilderten spezifischen Erfahrungen weichen zum Teil von der Cherry-Plum-Symptomatik beim Menschen ab!

Cherry Plum, die Gelassenheits-Blüte

7. Chestnut Bud

Knospe der Roßkastanie, Aesculus hippo-castanum

Schlüsselsymptome: Der Hund lernt nicht aus seinen Erfahrungen und macht immer wieder dieselben Fehler.

Im ursächlich blockierten Chestnut-Bud-Zustand wirkt der Hund unaufmerksam und ungelehrig. Trotz größter Geduld macht er immer wieder dieselben Fehler. Er neigt zu Unsauberkeit, was ihm sichtlich unangenehm ist. Er „schämt" sich auch, wenn er zum wiederholten Mal etwas falsch gemacht hat und ist dann unterwürfig – lernt aber dennoch nicht dazu.
Auf dem Hundeplatz können diese Tiere ihre Führer zur Verzweiflung bringen! An organischen Beschwerden können sich bei diesen Hunden Atemwegs-, Darm- oder Nierenkrankheiten entwickeln.
Im positiven Chestnut-Bud-Zustand wirkt der Hund konzentrierter und bemüht sich sichtlich, alles richtig zu machen.

Die Lern-Blüte

Im positiven Chestnut-Bud-Zustand wirkt der Hund konzentriert und aufmerksam.

8. Chicory

Wegwarte, Cichorium intybus

Schlüsselsymptome: Bei Hunden äußerst schwer von Heather (siehe dort) abzugrenzen! Beide Blüten beinhalten die Mittelpunktstellung, den Egoismus der Hunde.

del, so bewachen sie es fast eifersüchtig (siehe Holly). Sie sind permanent damit beschäftigt, ihre Welpen zu putzen und zu beschützen. Diese Hunde können auch ihrer Bezugsperson eine Art Mutterinstinkt entge-

Fürsorge – im richtigen Maß – ist für das Wohlbefinden der Welpen wichtig.

Die Mütterlichkeits-Blüte

Der negative Chicory-Zustand ist besonders bei Hündinnen zu beobachten, die eine ganz spezifische, enge Beziehung zu ihren Welpen entwickelt haben. Nähert sich jemand dem Ru-

genbringen, der in das Red-Chestnut-Stadium übergehen kann.

Generell handelt es sich um Tiere, die sich aufdrängen wollen, absolute Zuneigung geben und auch fordern. Im positiven Chicory-Zustand reduziert sich die Aufdringlichkeit des Hundes auf ein erträgliches Maß, das Tier wirkt ausgeglichener. Auffallend häufig ist das Chicory-Bild bei Zwerghunderassen anzutreffen.

sitzt er teilnahmslos da und starrt in eine Ecke.

Häufig sind diese Hunde schläfrig und faul. Bei Übungen oder Erziehungsmaßnahmen machen sie einen unaufmerksamen, unkonzentrierten Eindruck und sind reaktionsträge. Im positiven Clematis-Zustand reagiert der Hund auf Zuruf und wirkt zunehmend interessierter.

Es können sämtliche Rassen betroffen sein, besonders häufig aber wird das Clematis-Bild bei großen, schweren Hunderassen angetroffen. Clematis ist mit seinem Symptombild (Teilnahmslosigkeit und Desinteresse) auch Bestandteil der Rescue-Tropfen.

Dieser Hund scheint wenig an seiner Umwelt interessiert.

9. Clematis

Weiße Waldrebe, Clematis vitalba

Schlüsselsymptome: Gedankenlosigkeit, fehlende Aufmerksamkeit für die Umwelt. Der Hund reagiert nur sehr langsam auf Ansprache.

Im blockierten Clematis-Zustand wirkt der Hund oft wie abwesend, reagiert nicht auf Zuruf und ist völlig desinteressiert. Seine Motivationsfähigkeit ist stark herabgesetzt. Selbst zum Fressen muß man ihn überreden. Er bewegt sich langsam, und manchmal

Die Realitäts-Blüte

10. Crab Apple

Holzapfel, Malus pumila

Schlüsselsymptome: starkes Reinigungsbedürfnis, permanentes Lecken, Putzen und Kratzen

Die Reinigungs-Blüte

Bei Hunden im ursächlich blockierten Crab-Apple-Zustand fällt ein übertriebenes Reinlichkeitsbedürfnis auf. Ständig lecken, putzen und knabbern sie am eigenen Körper und wirken dadurch allgemein unruhig.

Diese Hunde lehnen alte Futterreste und abgestandenes Wasser strikt ab. Nie sieht man sie aus einer Wasserpfütze trinken. Sie neigen zu Parasitenbefall und Hauterkrankungen (Infektion oder Stoffwechselstörung abklären lassen!). Häufig sind sie Opfer stechender Insekten. Sie leiden öfter unter Verstopfungen oder Durchfall und vertragen auch Impfungen schlecht. Im positiven Crab-Apple-Zustand treten die organischen Erkrankungen weniger häufig auf. Der Hund wird ruhiger und läßt von dem ständigen Lecken und Putzen ab.

Besonders wichtig ist Crab Apple nach Vergiftungen!

Hunde im blockierten Crab-Apple-Zustand kratzen sich häufig.

11. Elm

Ulme, Ulmus procera

Schlüsselsymptome: Erschöpfungszustände und Niedergeschlagenheit; Anzeichen von Überforderung bei sonst
kräftigen und leistungsstarken Hunden

Elm, die Verantwortungs-Blüte

Überforderung kann auch kräftige Hunde in den blockierten
Elm-Zustand bringen.

Bei einem sonst kräftigen
Hund fallen im blockierten
Elm-Zustand zunehmende
Erschöpfung und Depressi-
on auf. Das Tier ist lustlos
und nur bedingt motivier-
bar.
Speziell Sporthunde wirken
plötzlich überfordert und
müde. Der sonst zuverlässi-
ge Vierbeiner scheint seiner
Aufgabe nicht mehr nach-
kommen zu können.
In den positiven Elm-Zu-
stand kann der Hund durch
zusätzliche Unterstützung
seiner Bezugsperson gelangen – wenn diese dem
Hund vermittelt, daß er
nicht mehr leisten muß, als
er tatsächlich zu leisten fä-
hig ist.
Den blockierten Elm-Zu-
stand trifft man häufiger bei
sportlich aktiven Hunden
an.

Mißtrauischer, ängstlicher Hund

verkriecht sich danach. Im positiven Gentian-Zustand legt der Hund sein Mißtrauen weitgehend ab. Er reagiert weniger skeptisch auf Neuerungen und sieht nicht in jedem Neuen eine Gefahr.

Besonders Hunde, die im Tierheim waren oder einen Besitzerwechsel erfahren haben, befinden sich häufig im blockierten Gentian-Zustand. Oft ist dann die zusätzliche Gabe von Star of Bethlehem (siehe dort) angezeigt, um die Ursachen der seelischen Disharmonie zu behandeln.

12. Gentian

Herbstenzian, Gentiana amarella

Schlüsselsymptome: ausgesprochenes Mißtrauen, negative und skeptische Haltung insbesondere allem Neuen gegenüber

Im blockierten Gentian-Zustand läßt sich der Hund leicht entmutigen und geht an alle Dinge übervorsichtig heran. Neues wird erst mißtrauisch betrachtet und beschnuppert, bevor es nach langem Zögern akzeptiert wird. Dies trifft sowohl auf Menschen als auch auf Artgenossen oder Gegenstände zu. Manchmal weicht der Hund sogar der streichelnden Hand aus. Tadel empfindet ein solcher Hund als besonders schlimm und

Die Glaubens-Blüte

Im blockierten Gorse-Zustand wirkt der Hund resigniert.

Die Hoffnungs-Blüte

13. Gorse

Stechginster, Ulex europaeus

Schlüsselsymptome: Müdigkeit und Resignation

Im blockierten Gorse-Zustand macht der Hund einen unmotivierten, fast apathischen Eindruck. Einen Hund, der plötzlich diese Symptome aufweist, muß man sogar zu Aktivitäten überreden, denen er sonst mit Freude nachgekommen ist. Die sonst heißgeliebten Spielsachen können ihn nicht aus der Reserve locken, und auch Artgenossen können ihn nicht zum Spiel animieren. Er kann unter Umständen sogar das Futter verweigern.

Oftmals handelt es sich um Hunde, die schon viel Leid erfahren haben; und die Gefahr, in ein Wild-Rose-Stadium abzugleiten, ist groß. Deshalb empfiehlt sich bei diesen Hunden meist zusätzlich die Gabe von Olive oder Wild Rose (siehe dort).

Im positiven Gorse-Zustand ist der Hund wieder motivierbar. Aber nur selten wird ein Gorse-Hund zu einem fröhlichen und unbeschwerten Wesen.

Speziell Hunde, die schlechte Erfahrungen gemacht haben, benötigen Gorse als Hilfestellung.

Heather, die Identitäts-Blüte

14. Heather

Schottisches Heidekraut, Calluna vulgaris

Schlüsselsymptome: Der Hund will immer im Mittelpunkt stehen und reagiert mit Protest, wenn ihm die geforderte Zuwendung nicht gewährt wird. Äußerst schwer von Chicory (siehe dort) abzugrenzen.

Im negativen Heather-Zustand „klebt" der Hund ständig an seiner Bezugsperson. Er fordert egoistisch uneingeschränkte Zuwendung, bringt ein Spielzeug nach dem anderen und legt es auffordernd vor die Füße. Reagiert man nicht, so macht er durch Jaulen, Bellen oder Ersatzhandlungen auf sich aufmerksam. Auch vor dem eigenen Körper macht dieser Hund nicht halt: Pfoten werden blutiggenagt, Ohren werden blutiggekratzt usw. Auf Mißachtung reagiert solch ein Hund mit lautem Gekläffe, Protestaktionen wie Harn- und Kotabsatz in der Wohnung oder auch mit Zerstörungswut. Ist er beleidigt, so zieht er sich in eine Ecke zurück, aus der er nur nach langem Bitten wieder hervorkommt. Er ist sehr wehleidig und zeigt deutlich, wo es ihm weh tut: z.B. hebt er die verletzte Pfote hoch.

Nicht selten ist die zusätzliche Gabe von Chicory oder Holly angezeigt. An organischen Beschwerden können sich Verdauungsstörungen zeigen. Im positiven Heather-Zustand akzeptiert der Hund, daß man sich nicht ständig um ihn kümmern kann. Er lernt, sich selbst zu beschäftigen, und freut sich, wenn man ihm dann Zuwendung zeigt.

Gerade Zwerghunderassen zeigen öfter das Heather-Bild – eben die Tiere, die gerne als „Schoßhunde" gehalten und meist zu sehr verwöhnt werden.

Er fordert uneingeschränkte Zuwendung.

15. Holly

Stechpalme, Ilex aquifolium

Schlüsselsymptome: ausgesprochene Eifersucht, die sich bis zur Aggressivität steigern kann

Ein Hund im negativen Holly-Zustand reagiert extrem eifersüchtig sowohl auf Artgenossen als auch auf Menschen, die sich seiner Bezugsperson nähern. Wenn die Liebesbezeugungen dieses Vierbeiners nicht gewürdigt werden, kann er ziemlich aggressiv werden; Artgenossen gegenüber kann

es schnell in eine Rauferei ausarten.

Menschen, die sich mit der Bezugsperson beschäftigen, wird der Hund anknurren, verbellen oder sogar versuchen, sie zu beißen.

Auf eine veränderte Situation in seinem Umfeld (ein Baby, ein neuer Hund, ein neuer Partner der Bezugs-

Aus Eifersucht reagiert er aggressiv.

person) kann der Hund ebenfalls eifersüchtig reagieren – mit Trotzreaktionen bis hin zu Futterverweigerung oder Unsauberkeit. Holly gilt als eine der wichtigsten Blüten bei der Behandlung von Hunden, speziell dann, wenn es sich um kraftvolle, starke Tiere handelt (vgl. im Gegensatz dazu Wild Oat).

Im positiven Holly-Zustand reagiert der Hund weniger eifersüchtig; später kann er sich sogar mit seinem Konkurrenten anfreunden. Die Akzeptanz einer veränderten Situation gegenüber steigt.

Holly, die Herzöffnungs-Blüte

Honeysuckle, die Vergangenheits-Blüte

Hunde jaulen oder winseln leise vor sich hin. Futterverweigerung bis hin zu totaler Apathie (siehe Wild Rose) kann eintreten, wenn dem Hund nicht geholfen wird. Oft ist eine gleichzeitige Gabe von Star of Bethlehem oder Walnut sinnvoll. Häufig haben Hunde im blockierten Honeysuckle-Zustand Probleme, wenn sie sich im Urlaub an eine neue Umgebung oder Ersatzpersonen gewöhnen sollen.

Im positiven Honeysuckle-Zustand spielt die Vergangenheit keine so große Rolle mehr, und der Hund beginnt sich für die Gegenwart zu interessieren. Er läßt sich motivieren, am Leben teilzunehmen.

16. Honeysuckle

Geißblatt, Lonicera caprifolium

Schlüsselsymptome: Der Hund hängt Erlebnissen aus der Vergangenheit nach, wirkt fahrig und desinteressiert.

Der blockierte Honeysuckle-Zustand kann erstmals auftreten, wenn der Welpe von seinem Rudel getrennt wird. Er hat Heimweh und nur wenig Interesse an seinem neuen Umfeld. Manche erwachsenen Hunde trauern vielleicht Erlebnissen aus der Vergangenheit, Menschen oder Artgenossen nach, die sie verloren haben. Solche Tiere sitzen oft stundenlang an einem Fleck und starren in eine Ecke, ohne auf das zu reagieren, was in ihrer Umgebung geschieht. Manche

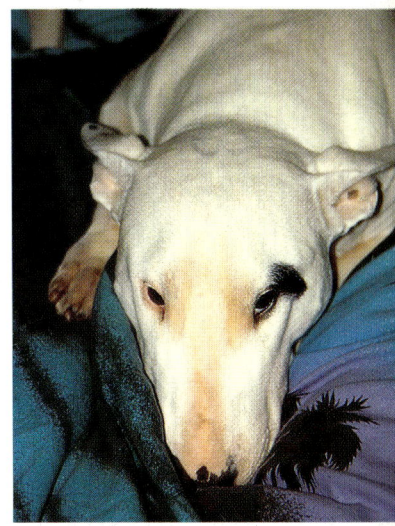

Er wirkt traurig.

Im blockierten Hornbeam-Zustand wirkt der Hund oft müde und antriebslos.

Elm die richtige Blüte). Körperliche Beschwerden können sich in einer Neigung zu geröteten Augen, Bindegewebsschwächen und unzureichender körpereigener Abwehrkraft äußern.

Im positiven Hornbeam-Zustand ist der Hund wieder motiviert. Er kommt seinen Gewohnheiten anfangs etwas reduziert, mit der Zeit aber wieder mit voller Kraft nach.

Eine Disposition für diese Blüte besteht bei Hunden, die im Sport eingesetzt werden. Aber auch kleine Hunderassen, die ihr Leben hauptsächlich auf dem Sofa verbringen und nicht gefordert werden, können den blockierten Hornbeam-Zustand zeigen.

17. Hornbeam

Weiß- oder Hainbuche, Carpinus betulus

Schlüsselsymptome: Müdigkeit, Energielosigkeit, mangelnde Motivation

Ein Hund im blockierten Hornbeam-Zustand läßt sich nur schwer dazu bewegen, seine Ruhelage aufzugeben. Er wirkt schlapp und ausgelaugt. Ein körperlich normal entwickelter Hund kann in diesem Zustand sein eigentliches Energiepotential nicht ausschöpfen. Er versucht, gegen die körperliche Schwäche anzugehen, schafft es aber nicht allein. Sporthunde wirken plötzlich in ihrer Vitalität reduziert (abklären, ob möglicherweise eine Überforderung vorliegt; dann wäre

Die Spannkraft-Blüte

18. Impatiens

Drüsentragendes Springkraut, Impatiens glandulifera

Schlüsselsymptome: Ungeduld, Gereiztheit, Hyperaktivität

Im negativen Impatiens-Zustand zeigt der Hund eine permanente Ruhelosigkeit und wechselt ständig seinen Liegeplatz. Beim Spaziergang oder Spiel ist er unnatürlich ungestüm und kaum zu bändigen; kein Ball fliegt schnell genug, kein Futternapf steht rechtzeitig bereit.

Beim Hundesport zeichnet sich ein solcher Hund durch seine Überaktivität und schnelle Auffassungsgabe aus. In manchen Fällen reagiert er auch ungeduldig oder aggressiv. Da sich diese Hunde immer völlig verausgaben, werden sie schnell müde. Ist der Hund

schon vom Welpenalter an deutlich überaktiv, sollte unbedingt seine Schilddrüsenfunktion überprüft werden (Überfunktion?).
Eine Rassedisposition für den negativen Impatiens-Zustand besteht bei überzüchteten Tieren.
Im positiven Impatiens-Zu-

Die Zeit-Blüte

stand lernt der Hund, abzuwarten. Er wird deutlich ruhiger und setzt seinen Organismus nicht mehr permanentem Streß aus. Im Hundesport werden die Leistungen konstanter. Auch die sonstige schnelle Ermüdung weicht einer beständigeren Ausgeglichenheit. Impatiens hilft, den durch Ungeduld und Überdrehtheit verursachten Streß abzubauen. Dieses Mittel ist auch Bestandteil der Notfall-Tropfen.

Dieser Hund kann seine Ungeduld nicht bezähmen.

19. Larch

Lärche, Larix decidua

Schlüsselsymptome: Schüchternheit, mangelndes Vertrauen in die eigenen Fähigkeiten

Im blockierten, manchmal auch im ursächlich blockierten Larch-Zustand zieht sich der Hund von seinen Artgenossen zurück und unterwirft sich sofort, wenn er angegriffen wird. Allem Neuen steht er skeptisch gegenüber und tastet sich erst nach langem gutem Zureden vorsichtig heran. Werden mehrere Hunde in einem Haushalt gehalten, so ist er mit Sicherheit der letzte, der an den Futternapf oder die Wasserschüssel geht. Dort schnuppert er zunächst vorsichtig und sieht sich noch einmal um, ob er auch von niemandem beobachtet wird, bevor er zaghaft zu fressen beginnt. Oft macht dieser Hund einen traurigen Eindruck und läuft mit hängenden Ohren

Die Selbstvertrauens-Blüte

und hängendem Schwanz umher.

Im positiven Larch-Zustand verliert der Hund seine Skepsis neuen Dingen gegenüber zwar nicht ganz, aber er wirkt nun deutlich weniger zaghaft und läßt sich manchmal sogar mit Artgenossen ein. Am Futternapf behauptet er seinen Platz leichter und muß sich nicht mehr mit den Resten begnügen.

Häufig hilft Centaury (siehe dort) in Verbindung mit Larch, die Minderwertigkeitskomplexe zu beheben. Allerdings wird aus diesem Hund sicher kein mutiger Hund oder Draufgänger. Eine Rassedisposition für Larch besteht gehäuft bei überzüchteten Rassen, wie z.B. Zwerghunde.

Larch hilft unterwürfigen und schüchternen Hunden.

Hund krank oder verletzt, genießt er seinen Zustand regelrecht; versucht manchmal sogar, seine Krankheit durch Schauspielerei künstlich zu verlängern.

Bei Hunden, die spezifische schlechte Erfahrungen gemacht haben, kann Mimulus in Verbindung mit Star of Bethlehem helfen.

Im positiven Mimulus-Zustand fürchtet sich der Hund nicht mehr so sehr, wenn er mit angsterregenden Situationen konfrontiert wird. Er reagiert gelassener und ruhiger, die Hektik weicht von ihm.

Aus Angst vor bestimmten Dingen verkriecht er sich.

20. Mimulus

Gefleckte Gauklerblume, Mimulus guttatus

Schlüsselsymptome: spezifische Ängste, Furchtsamkeit und Scheu

Im blockierten Mimulus-Zustand hat der Hund immer vor bestimmten Situationen und Dingen Angst. Er fürchtet sich beispielsweise, wenn er allein ist, im Dunkeln, wenn er auf eine bestimmte Person oder ein bestimmtes Tier trifft oder wenn er in eine betriebsame Gegend kommt. Gewitter spürt dieser Hund bereits vor dem ersten Donner, und zu Silvester ist er nur unter der Couch oder dem Bett zu finden. Er flieht vor dem, was ihm Furcht einflößt, und geht nicht darauf zu (kein Angstbeißer wie bei Aspen!). Durch seine Ängstlichkeit ist er äußerst skeptisch und nervös.

Hunde in diesem Zustand sind sehr viel anfälliger für bakterielle Infektionen oder Krankheiten. Ist solch ein

Die Tapferkeits-Blüte

Eine Rassedisposition besteht auch hier gehäuft bei Zwerghunden. Aber auch alle anderen Rassen oder Mischlinge können durch widrige Umstände in ein Mimulus-Stadium gelangen.

Mustard hilft Hunden, die traurig wirken.

für diese Stimmungsschwankungen gibt es nicht. Auf Dinge, die dem Hund gestern noch Freude machten, reagiert er heute mit Desinteresse. Der an einem Tag schnell und freudig absolvierte Spaziergang geht am anderen Tag nur schleppend vonstatten.

Hier ist es unbedingt erforderlich, nach der Ursache zu fahnden. Gegebenenfalls helfen zusätzlich Star of Bethlehem oder auch Scleranthus (siehe dort).

Im positiven Mustard-Zustand zeigt der Hund einen deutlich stabileren Gemütszustand, er gleitet auch nicht mehr so schnell in eine Phase der Niedergeschlagenheit ab.

Hinweis: Die hier geschilderten spezifischen Erfahrungen weichen zum Teil von der Mustard-Symptomatik beim Menschen ab.

21. Mustard

Wilder Senf, Sinapis arvensis

Schlüsselsymptome: plötzlich einsetzende Traurigkeit und Niedergeschlagenheit; ebenso schnell vergeht dieser Zustand auch wieder

Im blockierten Mustard-Zustand reagiert der Hund mit permanent wechselnden Gefühlszuständen: Einmal ist er munter und fröhlich – dann wieder völlig niedergeschlagen. Den einen Tag geht er freudig an seinen Futternapf, am anderen Tag muß man ihn regelrecht bitten, etwas zu fressen. Einen erkennbaren Grund

Mustard, die Licht-Blüte

22. Oak

Eiche, Quercus robur

Schlüsselsymptome: Trotz Erschöpfung zeigt der Hund ein großes Pflichtbewußtsein – er macht tapfer weiter und gibt nie auf.

Die Ausdauer-Blüte

Trotz Erschöpfung gibt er nie auf.

Im negativen Oak-Zustand wirkt der Hund erschöpft, erfüllt aber trotzdem die ihm gestellten Aufgaben. Er besitzt eine unnatürliche Ausdauer; man merkt ihm aber an, daß er sich überwinden muß. Dieser Hund läuft Gefahr, sich grenzenlos zu überfordern, wodurch auch sein Organismus Schaden nehmen kann.

Hier muß der Besitzer seinem Hund mit wohldosierten Anforderungen helfen, denn von allein wird er seine übermäßige Aktivität nicht drosseln können. Hat dieser Hund eine echte, schwere Erkrankung, so merkt man erst sehr spät, wie schlecht es ihm tatsächlich geht. Gegebenenfalls hilft zusätzlich Agrimony (siehe dort).

Im positiven Oak-Zustand zeigt der Hund eine angemessenere Ausdauer. Er ist normal belastbar und reagiert auf übermäßige Strapazen mit normaler Erschöpfung, so daß er von sich aus besser mit seinen Kräften umgehen kann.

Es sind überwiegend Sporthunde, die in ein Oak-Stadium kommen, wie auch Hunde, die dem Menschen bei Dienstleistungen zur Seite stehen (Polizeihunde, Suchhunde, Blindenhunde).

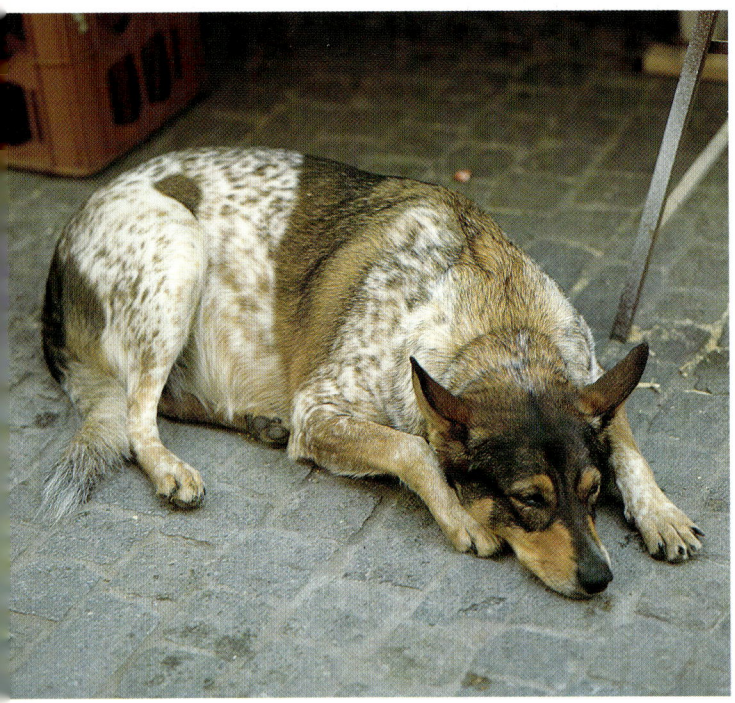

Im blockierten Olive-Zustand wirkt der Hund energielos und müde.

Häufig hilft Olive in Verbindung mit Hornbeam (siehe dort).

Im positiven Olive-Zustand beginnt der Hund, Interesse zu zeigen und ist wieder zu motivieren. Er baut neue Energiereserven auf.

Häufig tritt das Olive-Bild bei Hunden auf, die eine längere schwere Erkrankung durchgemacht haben – wie auch nach einer Schwergeburt oder Operation.

Auch infolge eines seelischen Traumas (Verletzung der Psyche, siehe auch Star of Bethlehem) kann das Olive-Bild rasseunabhängig bei jedem Hund auftreten.

23. Olive

Olive, Olea europaea

Schlüsselsymptom: völlige körperliche und geistige Erschöpfung

Im blockierten Olive-Zustand wirkt der Hund völlig erschöpft, energielos und müde. Er ist nicht mehr zu motivieren, läßt alles mit sich geschehen und schläft viel. Dieser Zustand kann nach Überforderung oder auch in einer Rekonvaleszenzphase (nach schwerer Erkrankung) auftreten. Dabei besteht für den Hund die Gefahr, in den Wild-Rose-Zustand abzugleiten.

Die Regenerations-Blüte

24. Pine

Schottische Kiefer, Pinus sylvestris

Schlüsselsymptome: übertrieben schuldbewußtes Verhalten, Mutlosigkeit

Bei einem Hund im blockierten Pine-Zustand fällt die immerwährend geduckte Haltung auf; der Schwanz ist eingezogen, der Rücken gekrümmt. Er erwartet scheinbar Strafe für etwas, was er gar nicht getan hat. Oftmals verkriecht sich dieser Hund schuldbewußt in eine Ecke oder unter den Tisch. Er reagiert auf jede Art von Tadel überempfindlich. Meist genügt bereits ein strafender Blick, und er unterwirft sich oder zieht sich zurück.

Manchmal zuckt er grundlos zusammen, als hätte jemand die Hand gegen ihn erhoben. Dadurch macht solch ein Hund auf seine Artgenossen von vornherein einen unterwürfigen Eindruck und wird dann oft bevorzugt angegriffen. Dieser Zustand kann sich auch in einer verminderten körpereigenen Abwehrkraft äußern. In der Folge kann es zu permanenten Infekten kommen, die sich organisch nicht erklären lassen. Im positiven Pine-Zustand

gewinnt der Hund an Selbstvertrauen, ohne allerdings seine vorsichtige Haltung ganz zu verlieren. Er reagiert nur auf gerechtfertigten Tadel, bezieht nicht alles Negative auf sich und lernt mit der Zeit, sich zu behaupten.

Pine, die Blüte der Selbstakzeptanz

Auf jede Art von Tadel reagiert er überempfindlich.

25. Red Chestnut

Rote Kastanie, Aesculus carnea

Schlüsselsymptom: übertriebene Sorge um Artgenossen oder Bezugspersonen

Im negativen Red-Chestnut-Zustand reagiert der Hund bei Abwesenheit seiner Be-zugsperson oder der gewohnten Artgenossen mit Unruhe. Er hat Angst, daß

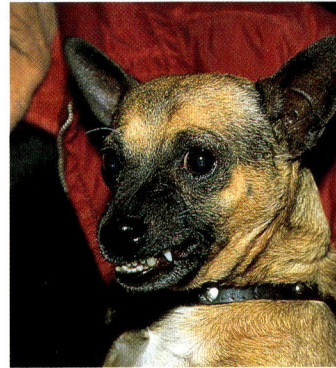

Dieser Chihuahua verteidigt seine Bezugsperson.

ihnen etwas zustößt, und läuft jaulend umher. Wenn ein Fremder in die Nähe der Bezugsperson oder des zu beschützenden Artgenossen kommt, wird er durch Knurren oder Bellen gewarnt, keinesfalls näher zu kommen. Reagiert der Betreffende nicht, so wird er von dem Hund aus seinem übersteigerten Beschützerinstinkt heraus angegriffen.

Hündinnen bewachen oft argwöhnisch ihren Wurf. Wichtig ist, zwischen übertriebenem Beschützerinstinkt und Eifersucht (siehe Holly!) zu unterscheiden. Im positiven Red-Chestnut-Zustand sieht der Hund nicht in jedem Fremden eine Gefahr. Er lernt abzuschätzen, wo er tatsächlich eingreifen muß und wo es sich um eine normale Annäherung handelt.

Red Chestnut, die Abnabelungs-Blüte

Im blockierten Rock-Rose-Zustand neigt der Hund zur Panik.

26. Rock Rose

Gelbes Sonnenröschen, Helianthemum nummularium

Schlüsselsymptome: extreme Angstzustände, die in eine regelrechte Panik ausarten können

Die Eskalations-Blüte

Im blockierten Rock-Rose-Zustand fühlt sich der Hund, wodurch auch immer, in panische Angst versetzt. Er nimmt seine Umwelt kaum noch wahr und kann auf gutgemeinte Beruhigungsversuche sogar mit noch größerer Panik reagieren: Entweder zeigt er sich vor Angst wie gelähmt, oder er stürmt unhaltbar davon. Oft kommen Hunde in den Rock-Rose-Zustand, wenn ein Negativerlebnis vorausgegangen ist und sie sich plötzlich erneut mit dieser Situation konfrontiert sehen. Deshalb ist die zusätzliche Gabe von Star of Bethlehem oder Rescue oftmals sinnvoll.

Im positiven Rock-Rose-Zustand lernt der Hund, mit eventuell wiederkehrenden, ähnlich belastenden Situationen besser umzugehen. Er bezieht nicht mehr alles auf sich und reagiert weniger panisch.

27. Rock Water

Wasser aus bestimmten heilkräftigen Quellen

Schlüsselsymptome: starre Verhaltensmuster, Unterdrückung der natürlichen Bedürfnisse

Im negativen Rock-Water-Zustand scheint der Hund eine extrem starre Haltung zu bewahren. Er wirkt unnatürlich angespannt und will immer im Vordergrund stehen. Ein Versagen mit nachfolgendem gerechtfertigtem Tadel ist das Schlimmste für ihn (dies ist besonders ausgeprägt bei Sporthunden). Solche Hunde haben größte Probleme, sich mit Veränderungen ihres Umfeldes abzufinden. Ihre seelische Starre überträgt sich auch auf den Organismus, der mit unterschiedlichsten Symptomen reagieren kann: stumpfes, mattes Fell; Juckreiz; unter Umständen Verdauungsstörungen (neigen eher zu Verstopfung als zu Durchfall). Bei Hündinnen verläuft die Hitze sehr schwach. Sie nehmen beim

Rock Water, die Flexibilitäts-Blüte

Es ist besonders schlimm für diese Hunde zu versagen.

Deckakt meist nicht sofort auf, und auch die Wurfstärke beläuft sich auf weniger Welpen als üblich.
Hilfreich ist Rock Water auch bei der Behandlung von Gelenkerkrankungen. Im positiven Rock-Water-Zustand entspannt sich der Hund, er ist offener gegenüber seiner Umwelt und scheint nicht mehr nur auf sich fixiert zu sein.

Im ursächlich blockierten Scleranthus-Zustand leidet der Hund unter häufig wechselnden Stimmungen.

Die Balance-Blüte

28. Scleranthus

Einjähriger Knäuel, Scleranthus annuus

Schlüsselsymptome: Unausgeglichenheit, Stimmungsschwankungen

Charakteristisch für Hunde im ursächlich blockierten Scleranthus-Zustand ist die Wechselhaftigkeit von einem Moment zum anderen, ob es sich um organische oder seelische Aspekte handelt.

Der Hund zeigt sich unschlüssig und unausgeglichen; seine Stimmung wechselt von einem Moment zum anderen. Solch ein Hund ist zwar sehr lernbegierig, hat aber wenig Ausdauer und wirkt oftmals unkonzentriert. Ebenso wechselhaft erscheinen sein Appetit und die Körpertemperatur; Durchfall und Verstopfung wechseln sich ab. Der soeben noch fröhliche Hund kann im nächsten Moment betrübt wirken (siehe auch Mustard). Auf Wetterumschwünge reagiert er ausgesprochen empfindlich, er neigt außerdem zu Reisekrankheit (Übelkeit, Bellsucht).

Scleranthus ist weiterhin angezeigt, wenn eine vererbte Unausgeglichenheit vorliegt. Im positiven Scleranthus-Zustand wirkt der Hund viel ausgeglichener und nicht mehr so sprunghaft. Er kommt mit Veränderungen in seinem Umfeld besser zurecht.

Hunde, die ins Tierheim kommen, fühlen sich fast immer ungeliebt und verlassen, auch wenn die Betreuung noch so gut ist.

29. Star of Bethlehem

Doldiger Milchstern, Ornithogalum umbellatum

Schlüsselsymptome: Kompensationsprobleme nach seelischem (oder körperlichem) Schock, unabhängig, ob das Ereignis erst kürzlich oder schon vor längerer Zeit stattfand

Im ursächlich blockierten Star-of-Bethlehem-Zustand leidet der Hund aufgrund eines erlittenen seelischen Schocks an einer Art „innerer Betäubung".
Mit Traurigkeit, Futterverweigerung, mangelnder Stubenreinheit, fehlender Motivation bis hin zu plötzlicher Aggressivität versucht er, sich dieses für ihn fast ausweglosen Zustandes zu erwehren. Er kann in totale Resignation verfallen, sein Lebenswille ist scheinbar erloschen.
Auffällig ist, daß solch ein Hund bei wiederkehrenden ähnlichen Situationen immer wieder gestört reagiert. Auslöser dafür kann auch

eine schwere Geburt, eine zu frühe Trennung vom Muttertier und Rudel, ein Umzug, ein Unfallereignis oder auch die Trennung von einer Bezugsperson oder einem Tierkameraden sein.
Speziell angezeigt ist die Gabe von Star of Bethlehem bei Hunden, die in ein Tierheim abgegeben wurden. Zu seelischen Traumen können auch eine nicht artgerechte Behandlung und Versorgung durch den Tierhalter führen. Organische Beschwerden können Verdauungstrakt, Nieren und Herz-Kreislauf-System betreffen. Im positiven Zustand kann der Hund besser mit Situationen umgehen, die ihn an ein Negativerlebnis erinnern.
Allgemein gilt Star of Bethlehem als „der Seelentröster" für unsere Hunde. Als solcher ist er wichtiger Bestandteil der Rescue-Tropfen (siehe dort).

Die Trost-Blüte

Im blockierten Sweet-Chestnut-Zustand macht der Hund einen völlig erschöpften Eindruck. Diesem Zustand kann ein seelisches Trauma vorausgegangen sein, so daß gleichzeitig oft Star of Bethlehem angezeigt ist. Der Hund wirkt desinteressiert, will nicht fressen und ist nicht zu motivieren. Manchmal versteckt er sich sogar in einer dunklen Ecke, um allein zu sein. Im positiven Sweet-Chestnut-Zustand ist der Hund wieder zu motivieren, er läßt sich vom Menschen aus seiner Ausweglosigkeit heraushelfen und ist bereit, sich aus seiner Niedergeschlagenheit zu lösen. Eine nicht artgerechte Haltung oder eine schwere Erkrankung können jeden Hund in ein Sweet-Chestnut-Stadium bringen.

Sweet Chestnut, die Erlösungs-Blüte

30. Sweet Chestnut

Eß- oder Edelkastanie, Castanea sativa

Schlüsselsymptome: tiefste Verzweiflung, innere Ausweglosigkeit

Er macht einen erschöpften Eindruck.

31. Vervain

Eisenkraut, Verbena officinalis

Schlüsselsymptome: Übereifer, übermäßige Begeisterung

Dieser Hund zeigt übermäßige Begeisterung.

rung anzustecken. Sind die Artgenossen nicht begeisterungsfähig, so kann er mit Aggressivität reagieren, da er seine Wünsche unbedingt durchsetzen will. Diese Hunde schlafen nur mit einem Auge, damit sie auf keinen Fall etwas verpassen und sofort wieder bereit sein können.

Hier ist es sinnvoll, abklären zu lassen, ob eventuell eine organische Erkrankung Ursache der Überaktivität ist (z. B. Schilddrüsenüberfunktion, erblich bedingte Stoffwechselstörung). Manchmal ist die gleichzeitige Gabe von Vine (siehe dort) angezeigt.

Im positiven Vervain-Zustand kehrt sichtlich Ruhe in den hektischen Hundeorganismus ein. Der Hund kann auch einmal zusehen, wenn andere Hunde miteinander spielen, ohne daß er aktiv beteiligt sein muß.

Die Begeisterungs-Blüte

Die enorme Energie, die ein Hund im meist ursächlich blockierten Vervain-Zustand besitzt, wirkt nahezu krankhaft. Solch ein Hund scheint sich oft bis zur totalen Erschöpfung zu verausgaben. Speziell bei Sporthunden findet man diesen Übereifer.

Im Rudel handelt es sich immer um den Anführer, der sichtlich bemüht ist, die anderen mit seiner Begeiste-

Vine, die Autoritäts-Blüte

Ausgeprägtes Dominanzverhalten ist charakteristisch für Hunde im negativen Vine-Zustand.

32. Vine

Weinrebe, Vitis vinifera

Schlüsselsymptome: Ehrgeiz, Dominanzstreben; der „kleine Tyrann"

Hunde im negativen Vine-Zustand zeigen ein äußerst autoritäres Verhalten. Ein Vine-Hund ist der ausgesprochene Rudelführer, der „Alpha-Hund", der sich von niemandem seinen Rang nehmen läßt. Seine Körperhaltung drückt Stolz und Überlegenheit aus.

Auch der Mensch muß einige Rangkämpfe mit ihm ausfechten.

Dieser Hund fordert absolute Zuwendung und duldet keinen gleichgestellten Artgenossen neben sich.

Als Sporthund ist er ein schwieriger Partner; er will sich nicht unterordnen, zeigt keinerlei Respekt und gehorcht nur dann, wenn er will.

Dieser Zustand kann unter Umständen Erkrankungen der Blutgefäße, Gelenke und des Verdauungssystems hervorrufen. Häufig muß Vine durch Holly oder Heather ergänzt werden, um den Vierbeiner wieder ins Gleichgewicht zu bringen.

Im positiven Vine-Zustand läßt das Dominanzverhalten des Hundes etwas nach, und die Akzeptanz anderer Artgenossen gegenüber steigt. Der Hund ordnet sich seiner Bezugsperson williger unter.

Walnut, die Geburtshelferin

33. Walnut

Walnuß, Juglans regia

Schlüsselsymptome: Verunsicherung durch Veränderung in der Lebensweise oder im Lebensraum

Im ursächlich blockierten Walnut-Zustand reagiert der Hund übersensibel auf Veränderungen in seinem Umfeld, wie z.B. Umzug, eine Reise, Wechsel der Bezugsperson oder Familienzuwachs (neuer Artgenosse oder Baby). Die Reaktion auf eine solche Veränderung kann unterschiedlich sein: Der Hund resigniert, verweigert Futter- und Flüssigkeitsaufnahme, bekommt Durchfall oder zeigt andere Verhaltensauffälligkeiten. Walnut hilft ihm, sich in der veränderten Situation besser zurechtzufinden. Nach der Geburt ist die Gabe von Walnut sowohl für das Muttertier als auch für die Welpen unbedingt angezeigt, ebenso für den Welpen nach der Trennung vom Rudel, wenn er sich an eine neue Umgebung und neue Bezugspersonen gewöhnen muß. Jede längere Trennung von der Bezugsperson erfordert neben Star of Bethlehem auch die Gabe von Walnut.

Walnut ist auch hilfreich während der ersten Läufigkeit der Hündin und zu Beginn einer Trächtigkeit. Will man seinem treuen Kameraden zu guter Letzt Sterbehilfe leisten, gehört auch Walnut in die Bach-Blüten-Mischung.

Im positiven Walnut-Zustand lernt der Hund, mit den Veränderungen in seinem Umfeld besser umzugehen, und reagiert deutlich weniger irritiert.

Walnut hilft in Phasen des Neubeginns.

34. Water Violet

Sumpfwasserfeder, Hottonia palustris

Schlüsselsymptome: Reserviertheit, Stolz, Überlegenheit

Die Kommunikations-Blüte

Im negativen Water-Violet-Zustand zeigt der Hund eine stolze, aufrechte Haltung, die sein Selbstbewußtsein und seine Arroganz und Reserviertheit deutlich signalisiert.
Er sondert sich vom Rudel ab und ist ein typischer Einzelgänger, der seine Ruhe haben möchte.
Kontakt und Berührungen (mit Menschen oder Artgenossen) sind ihm unangenehm. Er kommt nie selbst, um gestreichelt zu werden, sondern versucht eher, sich dem Streicheln zu entziehen.
An organischen Beschwerden können sich Hautprobleme, oft auch Verstopfung zeigen.
Es sollte unbedingt geklärt werden, ob der Hund vernachlässigt wird und sich deshalb in die Rolle des reservierten Einzelgängers flüchtet.
Im positiven Water-Violet-Zustand wird der Hund zugänglicher. Er sucht dann den Kontakt zu seinen Artgenossen und Menschen, auch wenn er sich einem Zuviel an Zuwendung weiterhin gern entzieht.

Im positiven Water-Violet-Zustand sucht der Hund Kontakt.

White Chestnut, die Gedanken-Blüte

Besonders Sporthunde leiden im blockierten White-Chestnut-Zustand unter Konzentrationsschwierigkeiten. Ein solcher Hund wirkt unaufmerksam und dennoch angespannt. Manchmal reagiert er gar nicht auf Zuspruch; es scheint, als sei er innerlich mit etwas anderem beschäftigt. Auf Strafe oder Tadel reagiert er leicht beleidigt. Manchmal sitzt er nur da, die Zunge permanent in Bewegung, sei es, um die Nase zu lecken oder wie geistesabwesend die Vorderpfoten zu bearbeiten.

Im positiven White-Chestnut-Zustand macht der Hund einen ausgeglicheneren Eindruck. Er registriert, was in seiner Umgebung geschieht und reagiert auf Ansprache wieder normal.

35. White Chestnut

Roßkastanie oder Weiße Kastanie, Aesculus hippocastanum

Schlüsselsymptome: Unausgeglichenheit, Unruhe, mentale Anspannung

Auf Tadel reagiert er leicht beleidigt.

36. Wild Oat

Waldtrespe, Bromus ramosus

Schlüsselsymptome: Unzufriedenheit, Mangel an Ausdauer

Die Berufungs-Blüte

Im blockierten Wild-Oat-Zustand wirkt der Hund unzufrieden und langweilt sich aufgrund mangelnder Anforderung. Es handelt sich meist um intelligente und lernbegierige Tiere, denen es aber an Ausdauer fehlt. Sie interessieren sich für alles, verlieren aber genauso schnell die Lust, sich länger mit einer Sache zu beschäftigen.

Der Wild-Oat-Hund ist häufig ein passiver, stiller Charakter (im Gegensatz zu Holly), der sich wenig um den Kontakt mit Artgenossen bemüht. Durch die Langeweile kann er zu Ersatzhandlungen, Zerstörungswut oder Aggressivität neigen. Man muß ihm immer wieder etwas Neues bieten, um ihn zufriedenzustellen. Wichtig ist, die Ursache dafür herauszufinden, weshalb der Hund so reagiert. Im positiven Wild-Oat-Zustand zeigt der Hund deutlich mehr Ausdauer und verliert nicht so schnell das Interesse an einer Sache. Er macht insgesamt einen zufriedenen Eindruck.

Der Wild-Oat-Zustand ist öfter bei überwiegend im Haus gehaltenen Hunden, speziell bei Kleinhunden, denen wenig abverlangt wird, anzutreffen. Abwechslung in der Umgebung, bei Spiel und Beschäftigung können hier sehr hilfreich sein.

Dieser Hund wirkt gelangweilt und ruhelos.

Wild Rose, die Blüte der Lebenslust

Wild Rose gehört zu den Blüten, die dem Therapeuten helfen, herauszufinden, ob der Hund noch einen Lebenswillen hat oder ob er nicht mehr leben möchte und sich aufgegeben hat (sei es durch eine hochgradige psychische Disharmonie oder eine schwere Erkrankung). Diese Blüte hilft zu ergründen, ob eine medikamentöse Therapie noch sinnvoll ist. Reagiert der Hund innerhalb von 20 Min. nicht mit Kopfheben, Hand lecken o.ä., zeigt er damit, daß er aufgrund seiner Erkrankung keine Lust mehr hat zu leben.

Im positiven Wild-Rose-Zustand fängt der Hund wieder an zu leben. Er beginnt, sich wieder für das Alltägliche zu interessieren und läßt sich motivieren, am Leben aktiv teilzunehmen.

37. Wild Rose

Heckenrose, Rosa canina

Schlüsselsymptome: Energie- und Teilnahmslosigkeit bis hin zu Apathie und innerer Kapitulation

Im blockierten Wild-Rose-Zustand zeigt sich der Hund völlig desinteressiert und apathisch. Er will nicht mehr fressen und trinken, sondern sich am liebsten in eine Ecke verkriechen und nicht mehr hervorkommen. Seine Augen wirken stumpf, leer und ausdruckslos. Diesem Hund ist so ziemlich alles egal, was mit ihm geschieht. Hier ist es absolut notwendig, den Grund für dieses Verhalten herauszufinden.

Er wirkt desinteressiert und müde.

Die Schicksals-Blüte

Im negativen Willow-Zustand reagiert der Hund oft launisch und wirkt verbittert.

38. Willow

Gelbe Weide, Salix vitellina

Schlüsselsymptome: Launenhaftigkeit, Verbitterung, negative Stimmung

Im negativen Willow-Zustand vermittelt der Hund den Eindruck, daß er mit nichts zufrieden ist. Seine schlechte Laune läßt er an jedem aus, der ihm zu nahe kommt. Häufig läuft dieser Hund knurrend umher und reagiert selbst auf gutgemeinten Zuspruch unleidlich. Er fordert Zuwendung, wenn er sie aber bekommt, reagiert er scheinbar undankbar darauf.

Auch hier ist es notwendig, die Ursache herauszufinden. Manchmal fühlt sich das Tier vernachlässigt. Dies ist häufig der Fall, wenn ein Hundehalter nur morgens und abends für seinen Hund Zeit hat. Wenn ein Hund zu lange sich selbst überlassen wird, kann er eine negative Grundstimmung entwickeln, die sich bis in den organischen Bereich fortsetzen und Krankheiten auslösen kann. Im positiven Willow-Zustand lernt der Hund, mit seiner Lage besser umzugehen. Er findet sich damit ab, daß er Aufgaben zu erfüllen hat und Abwechslung relativ rar ist.

Das Willow-Bild finden wir oft bei Hunden, die nicht artgerecht gehalten werden, die aufgrund von Zeitmangel und Desinteresse seitens des Tierhalters keinen Sinn in ihrem Dasein finden.

39. Rescue

Notfalltropfen und Rescue-Creme

Schlüsselsymptom: Schockzustände

Rescue besteht aus einem Komplex von fünf ausgewählten Blüten, die dem Hund bei der Überwindung von Schockzuständen helfen:

Star of Bethlehem - gegen den seelischen Schock
Rock Rose   - gegen Panikgefühle
Impatiens   - gegen Streß
Cherry Plum   - gegen plötzliche starke innere
                  Spannung
Clematis   - gegen die Tendenz zur Bewußt-
                  losigkeit

In einen Schockzustand kann der Hund z.B. durch einen Unfall (mit oder ohne Bewußtlosigkeit), eine Operation oder einen Hitzschlag kommen. Aber auch eine Rauferei, der Besuch einer Ausstellung oder eines Wettkampfs können Auslöser sein. Manchmal kann auch eine Situation, in der sich der Hund plötzlich furchtbar erschreckt, ein Besuch beim Therapeuten oder ein anderes starkes Negativerlebnis den Hund in einen Schockzustand versetzen.
Rescue-Tropfen dienen in der Regel nicht zur Dauer-

Nach einer Rauferei sollten Sie Ihrem Hund Rescue geben.

Rescue ist eine Mischung aus 5 Bach-Blüten: ① Cherry Plum, ② Clematis, ③ Impatiens, ④ Rock Rose, ⑤ Star of Bethlehem

therapie, sondern zur Behandlung eines akuten Negativzustandes. Hat der Hund diese akute Situation überwunden, so setzt man, wenn nötig, die dann erforderlichen Folge-Blüten ein, die ihm helfen sollen, dieses Erlebnis so schnell wie möglich zu überwinden. Rescue-Creme kommt bei akuten Hautproblemen wie kleineren Brandwunden und Hautabschürfungen (Schocksituation für die Haut) zur Anwendung, bei denen Rötung und Entzündung der Haut im Vordergrund stehen. Auch allergische Hautsymptome, wie sie nach einem Wespenstich, nach einem Floh- oder Zeckenbiß oder auch bei Milbenbefall auftreten können, sprechen gut auf die lokale Therapie an. Bewährt hat sich Rescue-Creme auch bei dem häufig auftretenden Zwischenzehenekzem der Hunde.

Rescue-Creme wird dünn auf die betroffenen Hautstellen aufgetragen.

In folgenden Situationen ist die Verabreichung von Bach-Blüten als erste schnelle Selbsthilfe erforderlich:

▶ Direkt nach der Geburt sollten Sie die Näschen der Welpen mit einem in verdünnte Rescue-Tropfen getauchten Wattestäbchen vorsichtig betupfen.

▶ Vor einer aufregenden Situation, wie einem Besuch

Clematis

Star of Bethlehem

Cherry Plum

beim Therapeuten, einer Ausstellung, einem Standortwechsel, einer Trennung von der Bezugsperson, einer Geburt (Muttertier), verabreichen Sie Rescue und Walnut.

▶ Nach einem Unfall oder einer Rauferei geben Sie Rescue.

▶ Vor oder bei einem Gewitter (wenn der Hund davor Angst hat) und auch in der Sylvesternacht geben Sie Rescue, Larch und Aspen.

▶ Nach einem Insektenstich oder einer Vergiftung geben Sie Rescue und Crab Apple.

Wenn der Hund stirbt

Wenn Ihr Hund im Sterben liegt und Sie ihm den Übergang erleichtern wollen, geben Sie ihm Bach-Blüten. Als wichtigster Punkt vorangestellt sei hier, daß Sie Ihren Hund durch die Verabreichung der ausgewählten Bach-Blüten niemals töten können! Sie helfen ihm lediglich dabei, seine eigene Entscheidung zu treffen, ob er weiterleben oder einschlafen will, und mildern seine Angst.

Wie erkennen Sie, daß Ihr Hund nicht mehr leben will?

In der Regel erkennen Sie es daran, daß sich der Hund apathisch zurückziehen und verkriechen will, Nahrungs- und Flüssigkeitsaufnahme verweigert und gar

nicht mehr zu motivieren ist. Geben Sie ihm dann zunächst eine Kombination von Rescue, Hornbeam, Wild Rose und Olive, um seinen Lebenswillen zu überprüfen. Reagiert der Hund nach ca. 20 Minuten verändert, d.h., er läßt sich wieder motivieren, nimmt z.B. etwas Wasser, reagiert mit den Augen, Ohren oder dem Schwanz auf Ihren Zuspruch, so können Sie davon ausgehen, daß der Hund seelisch noch nicht entschlossen ist, von selbst Abschied zu nehmen, rein körperlich aber zu schwach ist, um sich auf den Beinen zu halten. Vielleicht ist es dann noch sinnvoll, einen Therapeuten aufzusuchen! Reagiert der Hund nach Gabe der Bach-Blüten-Mischung aber unverändert apathisch, so können Sie ihm mit Rescue, Walnut und Rock Water seine Entscheidung erleichtern und ihm dadurch in seiner gewohnten Umgebung ein friedliches Einschlafen ermöglichen. Den Zeitpunkt, wann er wirklich „gehen" will, wird der Hund dann selbst bestimmen, und Sie können davon ausgehen, daß Sie dem Willen des Hundes gemäß gehandelt haben.

Falls Sie den Tierarzt gerufen haben, geben Sie Ihrem Hund dieselbe Mischung,

bevor der Veterinär ins Haus kommt. Er wird dem Hund eine Beruhigungsinjektion verabreichen, die zwar seinen Körper ruhigstellt, nicht aber seine Psyche, bevor er die Euthanasie (aktive Tötung) des Hundes einleitet.

Diesen letzten Liebesdienst mittels der Bach-Blüten sollten Sie Ihrem tierischen Freund auf jeden Fall zukommen lassen. Viele Hundehalter haben über den Frieden berichtet, den das Tier in seinen letzten Momenten ausgestrahlt hat, und sie fühlten sich ein wenig über den Verlust hinweggetröstet, eben weil sie bis zum letzten Moment alles getan hatten, um ihrem Hund zu helfen. Und wenn Sie selbst in diesem Moment Rescue und Walnut nehmen, werden Sie diesen Frieden vielleicht sogar selbst ein wenig nachvollziehen können.

Bach-Blüten werden sie durchs Leben begleiten.

Stechginster, die Bach-Blüte Gorse

Beispiele aus der Praxis

Häufige Fragen

Wild Rose

Frage: „Mein Rüde verhält sich anderen Hunden gegenüber aggressiv, fängt grundlos Raufereien an. Durch die Gabe von Beech und Holly ist es besser geworden, aber noch nicht völlig behoben."

Antwort: Forschen Sie nach der Ursache: Hat der Hund schlechte Erfahrungen mit Artgenossen gemacht? Falls nicht, ist dieses Verhalten vielleicht eine zuchtbedingte Charakterschwäche. In diesem Fall sollte man die Bach-Blüten mit homöopathischen Hochpotenzmitteln kombinieren.

Frage: „Ich habe meinen Hund aus dem Ausland mitgebracht. Er hat mir leid getan, er war herrenlos und völlig verwahrlost. Ich habe ihm daheim gleich Star of Bethlehem gegeben, da ich ja nicht weiß, was er schon alles durchgemacht hat. Nach drei Monaten ist er uns gegenüber immer noch sehr mißtrauisch und zeigt kein rechtes Zugehörigkeitsgefühl."

Antwort: Der Hund befindet sich anscheinend immer noch in einer Neubeginnphase, er kann sich mit der veränderten Umgebung und Lebensart noch nicht abfinden. Vielleicht vermißt er etwas aus seiner alten Umgebung. Versuchen Sie

eine Therapie mit Honeysuckle und Walnut.

Frage: „Wir hatten zehn Jahre lang ein Hundepärchen, das zusammen aufgewachsen ist. Der Rüde ist jetzt gestorben, und die Hündin zieht sich zurück. Star of Bethlehem hat zwar bewirkt, daß sie wieder frißt und nicht mehr so apathisch ist, aber sie läßt sich noch nicht zu Spiel und allerlei Beschäftigung motivieren."

Antwort: Der Verlust eines tierischen Partners wiegt oft schwer, und zehn gemeinsame Jahre lassen sich nicht innerhalb von drei Wochen vergessen. Geben Sie Ihrer Hündin zusätzlich Honeysuckle und Walnut, und versuchen Sie sie durch Ausflüge oder Spaziergänge in fremden Gebieten abzu-

Sonne und frische Luft sind für die Gesundheit unserer Hunde wichtig.

Gorse

Red Chestnut

lenken und zu neuem Interesse zu motivieren.

Frage: „Immer, wenn wir in Urlaub fahren, bleibt unsere Hündin bei den Eltern zu Hause. Die ersten Tage frißt sie überhaupt nicht und läßt sich auch nicht zum Spielen motivieren."
Antwort: Ihre Hündin leidet unter der Trennung von ihrer Bezugsperson. Beginnen Sie bereits drei Tage vor Ihrer Abreise, Star of Bethlehem, Walnut und Mustard zu geben.

FALLBEISPIELE

Fall 1: Eine fünfjährige Pudelhündin sondert sich ab, benagt bevorzugt Elektrokabel und verkriecht sich am liebsten in die hintersten Winkel. Meist ist sie überanhänglich, schnappt aber manchmal plötzlich zu, was ihr hinterher offensichtlich unangenehm ist, denn sie leckt die Person danach ungestüm ab und winselt dabei.
Neben dem homöopathischen Einzelmittel Hyoscyamus (Bilsenkraut) kommen folgende Blüten zum Einsatz: Aspen, Rock Rose, Mimulus, Heather und Star of Bethlehem.
Nach drei Wochen läßt die Hündin die Elektrokabel in Ruhe und interessiert sich schon ein wenig für die anderen Hunde, die im Haushalt leben. Nach wie vor ist sie aber überanhänglich.

Fall 2: Ein Colliewelpe bekommt vom Tierarzt gleichzeitig eine Wurmkur und die Zweitimpfung verabreicht. Ein paar Stunden später reagiert das Tier nicht mehr auf Zuruf, ist apathisch, erbricht und hat über 40 °C Fieber.
Die Gabe von Thuja C30 wird von den Bach-Blüten Crab Apple, Wild Rose und Walnut begleitet. Am nächsten Tag ist der Welpe wieder munterer und erholt sich innerhalb der nächsten zwei Tage völlig.

Fall 3: Ein Dackelrüde reagiert auf die Ankunft eines Babys in der Familie eifersüchtig und knurrt den „Eindringling" fortwährend an. Es besteht die Gefahr, daß das sonst lammfromme Tier den Säugling beißt. Durch die Gabe von Star of Bethlehem, Walnut und Heather normalisiert sich innerhalb von 14 Tagen das Verhältnis, und der Hund akzeptiert das Baby zunehmend.

Fall 4: Eine zehnjährige Terrierhündin wird im Stadium einer hochgradigen Gebärmuttervereiterung in die Praxis gebracht. Der Tierarzt hat sie 14 Tage lang behandelt und sie dann aufgegeben, nachdem keine Therapie half und eine Operation nicht mehr in Frage kam.
Die Hündin wirkt vollends apathisch, ist kaum ansprechbar und reagiert nicht auf Zuspruch. Es stellt sich die Frage, ob eine Therapie überhaupt noch sinnvoll ist. Daher ist es wichtig zu wissen, ob das Tier noch einen Lebenswillen hat: Die Hündin erhält zu diesem Zweck eine Kombination von Crab Apple, Wild Rose, Olive und Hornbeam. Nach

zwanzig Minuten regt sich das Tier zum erstenmal, hebt den Kopf, spitzt auf Zuspruch die Ohren, beginnt zu hecheln und mühsam die entgegengestreckte Hand zu lecken. Ein Zeichen, daß ihr Lebenswille noch nicht ganz erloschen ist! Sie ist aber durch die schwere Erkrankung viel zu schwach.

Wir entscheiden uns für eine kombinierte Therapie aus homöopathischen Mitteln und Bach-Blüten. Nach erfolgreichem Abschluß der Behandlung verlebte die Hündin noch eineinhalb fröhliche Jahre!

Fall 5: Ein Zwergschnauzer wird wegen epileptischer Anfälle vorgestellt, die er seit längerer Zeit hat. Die verabreichten allopathischen Arzneimittel machen ihn zu einem apathischen, desinteressierten Hund, für den das Leben nur noch wenig interessant und lebenswert erscheint.
Neben homöopathischen Mitteln und Schlangenenzympräparaten kommen die Bach-Blüten Cerato, Centaury, Star of Bethlehem, Larch und Cherry Plum zum Einsatz. Seit fünf Jahren lebt dieser Hund jetzt ohne Anfall!

Fall 6: Eine Mischlingshündin wird vorgestellt, weil sie einen ziemlich strengen „Hundegeruch" hätte. Sie sei sehr wasserscheu, und das nötige Baden sei jedesmal eine Tortur.
Sie bekommt neben einer homöopathischen Entgiftungstherapie die Bach-Blüten Heather, Impatiens, Rock Rose, Star of Bethlehem und Crab Apple. Vier Wochen später wurde berichtet, daß die Hündin jetzt angenehm rieche und sich gern freiwillig in die Badewanne stelle.

Fall 7: Ein Rottweiler leidet unter Krampfanfällen, die vom Tierarzt als Epilepsie diagnostiziert und entsprechend behandelt werden. Die Krämpfe treten unvermittelt in den unterschiedlichsten Situationen auf, wobei das Zeitintervall zwischen den Anfällen immer kürzer wird.
Neben einer Nosodentherapie (der Hund hat Infektionen mit Borrellien und Meningokokken) werden die Bach-Blüten Crab Apple, Centaury, Larch, Mimulus und Wild Oat eingesetzt. Die Krampfanfälle lassen daraufhin mehr und mehr nach. Der Hund hat nur noch selten nach aufregenden Situationen leichte Anfälle, die er aber schnell übersteht.

Spaß und Bewegung sind Gesundheitsvorsorge.

SCHLUSSWORT

Einen herzlichen Dank allen Tierhaltern, die mir ihr Vertrauen entgegenbrachten und mir durch die Behandlung ihrer Hunde die Möglichkeit gaben, meinen Erfahrungsschatz auf dem Gebiet der Naturheilkunde (Homöopathie und Bach-Blütentherapie) zu erweitern. Nur so ist es möglich, Sicherheit in der Therapie zu erlangen und all die positiven Erfahrungen zusammenzufassen und niederzuschreiben.

Ich danke meinem Ehemann Franz, ohne dessen Wohlwollen dies alles nicht möglich wäre und der mir mit unserem Riesenschnauzer „Enzo" immer wieder zeigt, welch große Rolle die Harmonie auch im menschlich-tierischen Zusammensein spielt.

Liebe Leserin, lieber Leser, dieses Buch soll Ihnen ein Ratgeber sein, wenn Ihr vierbeiniger Freund ein Problem hat, das sich durch liebevoll-konsequenten, artgerechten Umgang allein nicht regulieren läßt. Speziell Hunde haben uns Menschen gegenüber so viele Aufgaben zu erfüllen, daß wir unsererseits alles tun sollten, ihnen ein lebenswertes Dasein zu ermöglichen.

Ihnen und Ihrem Vierbeiner alle guten Gedanken und Wünsche für ein allzeit harmonisches, gesundes Miteinander.

Petra Stein

LITERATUR

Scheffer, Mechthild: Schlüssel zur Seele. Das Arbeitsbuch zur Selbst-Diagnose mit den Bach-Blüten. München 1995.
Scheffer, Mechthild: Bach-Blütentherapie, Theorie und Praxis. 25. Aufl., München 1995.
Scheffer, Mechthild: Seelische Gesundheitsvorsorge für unsere Haustiere. Zürich 1994.
Stein, Petra: NaturheilPraxis Hunde. München 1996.
Stein, Petra: Homöopathische Therapie des Hundes. Neckarsulm 1995.
Stein, Petra: Wie hilft die Naturheilkunde meinem Hund? Neckarsulm 1994.

BEZUGSQUELLEN

Die aus England importierten Original Bach-Blüten sind als Konzentrate erhältlich – als komplette Sätze oder auch in Form von Einzelflaschen.

Die Bezugsmöglichkeiten für die Bach-Blütenkonzentrate unterliegen den aktuellen Bestimmungen der jeweiligen Länder:

Deutschland: Nach den Bestimmungen des deutschen Arzneimittelgesetzes werden die Original Bach-Blütenkonzentrate *(Bach Flower Stock Concentrates)* als Arzneimittel eingestuft und können in Apotheken ohne Rezept bestellt werden.

In der **Schweiz** sind die Bach-Blüten in Drogerien und Apotheken frei erhältlich.

In **Österreich** sind die Bach-Blüten in jeder Apotheke frei erhältlich.

Die autorisiert und qualitätserhaltend importierten Blütenkonzentrate erkennt man an der deutschen oder schweizerischen Distributionsadresse auf dem Etikett.

ADRESSEN

Institute für Bach-Blütentherapie, Forschung und Lehre, Mechthild Scheffer:

Deutschland
Mechthild Scheffer GmbH
Institut für Bach-Blütentherapie, Forschung und Lehre
Lippmannstraße 57
D-22769 Hamburg
Tel.: 0 40/43 25 77 10,
Fax: 0 40/43 52 53

Österreich
Mechthild Scheffer GmbH
Institut für Bach-Blütentherapie, Forschung und Lehre,
Seidengasse 32/1
A-1070 Wien
Tel.: 02 22/5 26 56 510
Fax: 02 22/5 26 56 5115

Schweiz
Mechthild Scheffer AG
Institut für Bach-Blütentherapie, Forschung und Lehre,
Mainaustraße 15
CH-8034 Zürich 8
Tel.: 01/3 82 33 11
Fax: 01/3 82 33 19

Das Institut für Bach-Blütentherapie, Forschung und Lehre veranstaltet in den deutschsprachigen Ländern Informa-

tionsvorträge und Seminare zur Einführung in die Selbstbehandlung mit den Bach-Blütenkonzentraten: die Original Dr. Bach Blüten-Seminare sowie ein Ausbildungsprogramm für Fachbehandler.

REGISTER

Abnabelungsblüte   38
Aggressivität   16, 28, 56
Agrimony   14
Ahnungs-Blüte
Aktivität, unnatürliche   14
Ängste   15, 33, 39, 56
Anspannung   48
Apathie   50, 58, 59
Aspen   15
Aufmerksamkeit, fehlende   22
Aufregung   59
Ausdauer-Blüte
Ausdauermangel   49
Auswahl   12
Ausweglosigkeit   43
Autoritäts-Blüte   45

Balance-Blüte   41
Bedürfnisunterdrückung   40
Beech   16
Begeisterungs-Blüte   44
Berufungs-Blüte   49
Bewußtlosigkeit   52
Bravheit, übermäßige   17

Centaury   17
Cerato   18
Charakter-Blüten   12
Cherry Plum   19
Chestnut Bud   20
Chicory   21
Clematis   22
Crab Apple   23

Desinteresse   29
Disharmonien   6, 8
Dominanzstreben   45
Dosierung   10

Egoismus   21
Ehrgeiz   45
Ehrlichkeits-Blüte   14
Eifersucht   28, 58
Einnahmefläschchen   9
Elm   24
Empfindlichkeit   15
Energielosigkeit   30, 50
Energien, positive   7
Erkennungsmerkmale   13, 63
Erlösungs-Blüte   43

Erschöpfung   24, 35, 36
Eskalations-Blüte   39

Fahrigkeit   29
Fieber   58
Flexibilitäts-Blüte   40
Folge-Blüten   12

Ganzheitsprinzip   8
Geburt   53
Geburtshilfe   46
Gedankenlosigkeit   22
Gelassenheits-Blüte   19
Gemütszustände   7
Gentian   25
Gereiztheit   31
Glaubens-Blüte   25
Gleichklang   7
Gorse   26

Harmonie   8
Hautprobleme   53
Heather   27
Herzöffnungs-Blüte   28
Hitzschlag   52
Hoffnungs-Blüte   26
Holly   28
Honeysuckle   29
Hornbeam   30
Hyperaktivität   8, 31, 44

Identitäts-Blüte   26
Immunsystem   7
Impatiens   31
Insektenstiche   53
Intoleranz   16
Intuitions-Blüte   18

Kapitulation   50
Kombinationstherapie   10
Kommunikations-Blüte   47
Kompensationsprobleme   42

Larch   32
Launenhaftigkeit   51
Lebenslust   50
Lern-Blüte   20
Licht-Blüte   34

Milbenbefall   53
Mimulus   33
Mischungsverhältnis   9
Mißtrauen   25, 57
Motivationsmangel   30
Müdigkeit   26, 30
Mustard   34
Mutlosigkeit   37
Mütterlichkeits-Blüte   21

Niedergeschlagenheit   24, 34
Notfalltropfen   52

Oak   35
Olive   36

Panik   39, 52
Pflichtbewußtsein   35
Pine   37

Rauferei   52
Realitäts-Blüte   22
Red Chestnut   38
Regenerations-Blüte   36
Reinigungs-Blüte   23
Rescue   9, 52
Reserviertheit   47
Resignation   26
Rock Rose   39
Rock Water   40

Scheu   33
Schicksals-Blüte   51
Schock   42, 52
Schreckhaftigkeit   15
Schüchternheit   32
Schwingungen   7
Scleranthus   41
Selbstvertrauen, mangelndes   18, 32
Skepsis   25
Sorge   38
Spannkraft-Blüte   30
Spannung, innere   19, 52
Star of Bethlehem   42
Sterbehilfe   54
Stimmung, negative   51
Stimmungsschwankungen   41
Stolz   17
Störungen, psychische   6
Streß   52
Sweet Chestnut   43

Tapferkeits-Blüte   33
Teilnahmslosigkeit   50
Temperamentsausbrüche   19
Therapiedauer   11
Toleranz-Blüte   16
Trauer   58
Traurigkeit   34
Trost-Blüte   42

Übereifer   44
Überforderung   24
Überlegenheit   47
Unaufmerksamkeit   20
Unausgeglichenheit   41, 48
Unbeherrschtheit   19
Unentschlossenheit   18
Ungeduld   31
Ungelehrigkeit   20
Unruhe, innere   14, 48
Unzufriedenheit   49
Urlaub   58
Ursachen-Blüten   12
Ursachenfindung   6

Verabreichung   10
Verantwortungs-Blüte   24
Verbitterung   51

Vergangenheits-Blüte 29
Verhalten, schuldbewußtes 37
Verhaltensmuster, starre 40
verkriechen 58
Verunsicherung 46
Vervain 44
Verzweiflung 43
Vine 45

Walnut 46
Water Violet 47
White Chestnut 48
Wild Oat 49
Wild Rose 50
Willensschwäche 17
Willow 51
Wirkungsprinzip 6, 7

Zeit-Blüte 31
Zubereitung 9
Zurückhaltung 17

BILDNACHWEIS

Aufnahmen von Dr. Dietmar Aichele (18, S. 3, 8 l, 13 r, 14 o, 16 o, 19 u, 22 u, 27 o, 30 u, 35 r, 37o, 39 u, 42 u, 46 o, 48 o, 54 o, 54 m, 54 u), Peter Beck (3, S. 33 u, 39 o, 40 u), Dr. Robert Dorsch (12, S. 1 r, 20 o, 21 o, 23 o, 24 o, 25 u, 38 u, 41 r, 49 o, 51 r, 56 u, 58 o), Institut für Bach-Blütentherapie (2, S. 5, 6 o), Juniors Bildarchiv (11: Botzenhardt 14 u, Dietl 35 l, Hecker 42 o, Heüveldop 27 u, Liebold 21 u, Neukampf 31 u, Putz 19 o, 48 u, Schroth 30 o, Zeitz 38 o, Zweig 9), Dr. Rudolf König (6, S. 7 o, 28 u, 32 o, 45 r, 50 o, 58 u), Eva-Maria Krämer (4, S. 32 u, 33o, 41 l, Klappe oben), Hans E. Laux (10, S. 2 o, 6 u, 17 o, 18 o, 29 o, 31 o, 34 u, 44 r, 47 o, 56 o), Werner Layer (4, S. 7 u, 13 l, 24 u, 50 u), Ingeborg Polaschek (10, S. 1 m, 11, 15 o, 17 u, 25 o, 28 o, 29 u, 37 u, 40 o, 44 l), Reinhard (alle 18 übrigen Aufnahmen), Prof.Dr. Peter Schönfelder (6, S. 1 l, 8 r, 15 r, 26 r, 36 u, 43 o), Petra Stein (3, S. 2 u, 20 u, Klappe unten).

IMPRESSUM

Umschlaggestaltung von Atelier Reichert, Suttgart, unter Verwendung von 4 Farbfotos von Werner Layer (großes Bild), Dr. Dietmar Aichele (Pflanzenbilder) und Reinhard-Tierfoto.

Mit 106 Farbfotos, 1 Schwarzweißfoto und 39 Farbzeichnungen von Ruth Fritzsche (38, Umschlagklappe) und Marianne Golte-Bechtle (1, S. 53).

Die Deutsche Bibliothek - CIP-Einheitsaufnahme

Stein, Petra
Bach-Blüten für Hunde, Petra Stein. – Stuttgart : Franckh-Kosmos, 1997
    ISBN 3-440-07283-5

ISBN 3-440-07283-5
Lektorat: Dr. Annette Möbius und Angela Beck
Grundlayout: Atelier Reichert, Stuttgart
Gestaltung: Gisela Dürr, München
Satz: ad hoc! Typographie, Ostfildern
Printed in Italy/Imprimé en Italie
Druck und Buchbinder: Printer Trento S. r. l., Trento

CHECKLISTE ZUR ERMITTLUNG DER PASSENDEN BACH-BLÜTEN

Um Ihnen die Auswahl der auf Ihren Hund zutreffenden Bach-Blüten etwas zu erleichtern, bietet sich nachfolgende Tabelle an. Den einzelnen Blüten sind jeweils die auffälligsten Verhaltensmerkmale bzw. Charakterzüge des Hundes zugeordnet. Die Nummern der Merkmale entsprechen denen der Blütenbeschreibungen im Innenteil. Nicht alle dort genannten Merkmale müssen auf Ihren Hund zutreffen. Wichtig ist jedoch, daß der Gesamteindruck, den der Hund macht, mit der Gesamtaussage der jeweiligen Blütenbeschreibung übereinstimmt. Wählen Sie nach Möglichkeit nicht mehr als 6 Blüten gleichzeitig aus.

Merkmal		trifft zu
1	Falsche Fröhlichkeit, in unbeobachteten Momenten wirkt der Hund aber in sich gekehrt	◯
2	Undefinierbare Ängste, Schreckhaftigkeit, will nicht allein sein	◯
3	Er ist intolerant und aggressiv, beginnt häufig Raufereien	◯
4	Er ist überbrav, unterwirft sich Menschen und Artgenossen schnell	◯
5	Er wirkt unsicher, gehorcht jedem, ahmt das Verhalten anderer Hunde nach	◯
6	Er neigt zu unbeherrschten Temperamentsausbrüchen, ist permanent unruhig	◯
7	Er macht immer dieselben Fehler, vergißt Gelerntes schnell wieder	◯
8	Er ist sehr egoistisch, fordert uneingeschränkte Zuneigung; übersteigerter Mutterinstinkt bei Hündinnen	◯
9	Er wirkt desinteressiert, reaktionsträge und unkonzentriert	◯
10	Er leckt und putzt sich permanent	◯
11	Der sonst kräftige Hund ist plötzlich erschöpft und lustlos	◯
12	Er ist mißtrauisch, vorsichtig, allem Neuen gegenüber sehr skeptisch	◯
13	Er ist müde und resigniert, läßt sich nur schwer motivieren	◯
14	Er will immer im Mittelpunkt stehen, fordert uneingeschränkte Zuwendung	◯
15	Er ist extrem eifersüchtig und kann sehr aggressiv werden	◯
16	Er wirkt desinteressiert und traurig, jault und jammert viel	◯
17	Er wirkt müde und schlapp, liegt gern	◯

Merkmal		trifft zu
18	Er ist hyperaktiv und ungestüm	○
19	Er leidet unter fehlendem Selbstvertrauen, ist sehr schüchtern und zaghaft	○
20	Er hat Angst vor bestimmten Situationen und Dingen	○
21	Er leidet unter extremen Stimmungsschwankungen, ist manchmal grundlos traurig	○
22	Trotz Erschöpfung versucht er, seine Aufgaben zu erfüllen; tapferer Hund, der nicht aufgibt	○
23	Er leidet an völliger körperlicher und geistiger Erschöpfung	○
24	Er leidet unter einem konstant schlechten Gewissen, ist unterwürfig und mutlos, wird häufig von Artgenossen angegriffen	○
25	Er hat einen übersteigerten Beschützerinstinkt	○
26	Er neigt zu extremen Angst- und Panikzuständen	○
27	Er wirkt ständig unnatürlich angespannt	○
28	Ausgesprochene Wechselhaftigkeit, organisch wie psychisch	○
29	Er hat einen seelischen Schock noch nicht verkraftet	○
30	Er ist desinteressiert und appetitlos, versteckt sich	○
31	Er leidet unter krankhaftem Übereifer	○
32	Er zeigt ein übermäßig dominantes Verhalten, will sich nicht unterordnen	○
33	Er ist verunsichert durch eine veränderte Lebenssituation	○
34	Er ist ein stolzer Einzelgänger, meidet Berührungen aller Art	○
35	Er ist unaufmerksam, kann sich schlecht konzentrieren	○
36	Er ist unzufrieden, verliert schnell das Interesse und hat keine Ausdauer	○
37	Er ist apathisch; es scheint, als habe er sich aufgegeben	○
38	Er hat ständig schlechte Laune, ist mit nichts zufrieden; ist viel allein!	○
39	Der Hund befindet sich im Schockzustand	○